中国劳动教育回顾与体系建构研究

黄　燕　叶林娟　编著

中国出版集团
东方出版中心

图书在版编目（CIP）数据

中国劳动教育回顾与体系建构研究 / 黄燕，叶林娟
编著. － 上海：东方出版中心，2022.9
ISBN 978-7-5473-2036-5

Ⅰ.①中… Ⅱ.①黄… ②叶… Ⅲ.①劳动教育－研
究－中国 Ⅳ.①G40-015

中国版本图书馆CIP数据核字（2022）第137528号

中国劳动教育回顾与体系建构研究

编　　著　黄　燕　叶林娟
策划组稿　张爱民
责任编辑　黄　驰　刘　叶
封面设计　钟　颖

出版发行　东方出版中心有限公司
地　　址　上海市仙霞路345号
邮政编码　200336
电　　话　021-62417400
印　刷　者　上海颛辉印刷厂有限公司

开　　本　890mm×1240mm　1/32
印　　张　6.75
字　　数　159千字
版　　次　2022年9月第1版
印　　次　2022年9月第1次印刷
定　　价　78.00元

前　　言

党的十九大报告提出,要建设知识型、技能型、创新型劳动者大军,弘扬劳模精神和工匠精神,营造劳动光荣的社会风尚和精益求精的敬业风气。2020年3月,中共中央、国务院颁布了《关于全面加强新时代大中小学劳动教育的意见》,指出劳动教育是中国特色社会主义教育制度的重要内容。2020年7月,教育部印发《大中小学劳动教育指导纲要(试行)》,主要面向学校,重点针对劳动教育是什么、教什么、怎么教等问题,细化有关要求,加强专业指导。进入新时代,贯彻新时代大中小学劳动教育的文件精神,深刻把握新时代劳动教育的内涵特征与创新路向,落实相关文件要求,解决当前劳动教育中存在的问题,引导全社会特别是青年学生进一步弘扬劳动精神,有着极为重要的理论与现实意义。

第一,新时代赋予劳动教育新价值。

劳动教育的价值导向性,有利于促进社会主义核心价值观的培育。恩格斯指出,"劳动创造了人本身",其中也包括价值认知。社会主义核心价值观在国家层面的价值目标是"富强、民主、文明、和谐",即是劳动教育的价值回归。同时,劳动实践的环境氛围有利于中小学生更好地体验、认同和践行社会主义核心价值观在社会层面的价值取向,即"自由、平等、公正、法治"。劳动教育过程有利于培养"爱岗敬业、争创一流、艰苦奋斗、勇于创新"的劳动态度,这与社会主义核心价值观中个人层面的价值准则,即"爱国、敬业、诚信、友善"相融契合。

　　劳动教育的实践创新性,有利于促进工匠精神的培育。劳动教育更倾向于尝试、感悟和技能的建构,能有效提升学生动手能力、沟通合作能力及解决实际问题的能力,可以培养学生认真严谨的敬业精神。劳动教育以技术应用和创新为核心,紧跟现代科技的发展态势,能帮助学生建构符合个性且适应未来发展需要的技术素养体系,引导学生养成精益求精的品质精神。劳动教育注重学生创新意识的提升、创新思维的训练和创新能力的培养,引导学生弘扬"劳动光荣、技能宝贵、创造伟大"的精神风尚。

　　劳动教育的精神幸福性,有利于促进个体丰富情感的培育。劳动教育把知识和技能、过程和方法、情感态度和价值观以及行为和习惯等目标进行统合,推动学生主动养成劳动意识;同时,还注重引导学生产生愉悦的劳动情感、高雅的情趣和超脱的意志。实践证明,学生在劳动中可以鲜明地展示才能、增强幸福感,不断体悟生活的美感、获得成功的体验。个体丰富情感的培育还在于增强学生对劳动人民的感情培养,从而形成尊重劳动者、珍惜劳动成果的劳动情感。

　　第二,新时代劳动教育面临新挑战。

　　2015 年以来,各地把推进劳动教育作为深化教育综合改革的重要内容之一。例如,上海市在实践中积极探索劳动教育的改革创新,建立了 1 600 多个社会实践基地,提供学生公益劳动和志愿服务岗位 30 多万个,在劳动教育实践中先试先行,在创新方面取得了较好成效。但总的来看,我们在劳动教育的创新发展上还面临着一些现实困境。

　　注重内容衔接,尚需大力弘扬劳模精神、工匠精神。部分学生对劳模精神、工匠精神的认识有限,引导学生崇敬劳模、学习工匠精神的主题教育活动较少,只有少数学校举办过劳模、优秀工匠走进校园、走进课堂的活动。

注重有机融入，尚需促进"家、校、社"合力育人。劳动教育向生活渗透、向社区延伸、与家庭互动还有待加强。比如，当前的劳动教育课程的学习内容以手工居多，与生活相关的家政、烹饪、园艺的劳动内容占比较小，且存在部分家长溺爱子女、不让孩子参与具体劳动实践等现象。

注重实践体验，尚需探索与创新性学习的互动融合。部分学校积极营造开放的学习环境，将劳动教育与学生的研究性学习、职业技能学习相融合，鼓励引导学生对日常生活和环境中遇到的劳动技术问题进行探究。但是，这种与创新性学习活动的融合尚处在探索阶段，需进一步深化和推广。

注重机制构建，尚需整合场地、师资、技术等资源。一些学校地处城市中心地带，由于场地有限等因素导致活动场地不够完备、教育资源不够丰富。同时，部分学校对劳动教育师资队伍建设不够重视，导致劳动教育成效不够理想。

第三，新时代劳动教育应有新作为。

劳动教育是全面贯彻党的教育方针的基本要求，是实施素质教育的重要内容，是培育和践行社会主义核心价值观的有效途径。然而，当前劳动教育存在诸多薄弱环节，劳动教育在学校中被弱化、在家庭中被软化、在社会中被淡化，学生劳动机会有限、劳动意识缺乏、劳动能力不足等，都表明劳动教育是亟待补上的教育短板。这些问题的存在，一定程度上制约了当前我国劳动教育的系统推进。因此，有必要对新中国成立七十三年来我国劳动教育的发展历程予以历史回望，这不仅是深化劳动教育研究的内在诉求，更是探索劳动教育实践创新的现实需要。本书将在总结梳理古今中外劳动教育理论源流、实践探索、成功经验、发展趋向的基础上，对新中国成立七十三年来我国劳动教育发展历史进行梳理，进一步厘清劳动教育的内涵与外延,从理论上论证劳动教育的目标和内容,深入研究劳动教育的实际状况、现实问题、体系构建等,为建立课程完善、资源丰富、模式多样、机制健全的新时代劳动教育体系提供切实可行的路径选择。

目　　录

绪论 / 1

第一节　劳动教育的相关概念 / 1

第二节　劳动教育的目的 / 6

第三节　劳动教育的基本原则 / 14

第四节　劳动教育的途径 / 19

第一章　中西方劳动教育思想的理论溯源 / 23

第一节　马克思以前的劳动教育思想 / 23

第二节　马克思的劳教结合理论及其在社会主义国家的
实践 / 33

第三节　现代信息社会条件下的劳动教育理念 / 41

第二章　新中国成立七十年来我国劳动教育的沿革发展 / 48

第一节　凸显体力劳动：劳动生产教育期（1949—1979 年）/ 49

第二节　注重手脑并用：思想教育和劳动教育并举期
（1977—1998 年）/ 57

第三节　提升综合素质：劳动实践教育期（1999 年至今）/ 62

第三章　新时代劳动教育的时代价值与德育价值 / 68

第一节　新时代劳动教育的基本特征 / 68

第二节　新时代劳动教育的时代价值 / 76

第三节　新时代劳动教育蕴含的德育价值 / 85

第四章　我国劳动教育的现状分析 / 91

第一节　劳动教育课程的现状 / 92

第二节　劳动教育资源的现状 / 97

第三节　劳动教育模式的现状 / 99

第四节　劳动教育机制的现状 / 105

第五节　学生个人对劳动教育的认知现状 / 110

第五章　国外劳动教育的实践探索 / 121

第一节　国外劳动教育实践的两种源流 / 121

第二节　国外劳动教育的两种模式 / 131

第三节　国外劳动教育与生涯教育结合的新趋势 / 141

第六章　新时代劳动教育的体系建构 / 148

第一节　合力构建劳动教育的保障机制 / 148

第二节　同步推进劳动教育的关键环节 / 153

第三节　科学制定各学段劳动教育内容 / 161

第四节　加快推进劳动教育的资源开发 / 164

第五节　完善创新劳动教育的展现模式 / 168

第七章　新时代劳动教育的创新实践 / 174

　　第一节　拓展阵地,构建劳动教育网络 / 174

　　第二节　凸显特色,创新劳动教育形式 / 188

　　第三节　完善机制,深化劳动教育实效 / 193

参考文献 / 202

后记 / 205

绪　　论

劳动教育与德育、智育、体育、美育共同服务于"立德树人"这一教育的根本任务,共同构成中国特色社会主义教育制度的重要内容。因此,探索新时代背景下如何更好地认识劳动教育的内涵、在劳动教育中要坚持何种原则、劳动教育应如何开展创新,既是落实素质教育的现实需要,也是落实"立德树人"根本任务的必然要求。

第一节　劳动教育的相关概念

近年来,随着国家政策的助推,劳动教育日益受到教育工作者的关注,也逐渐成为教育研究的热点。但人们对劳动、劳动教育等相关概念的理解却各不相同,对劳动教育的内涵、目的、内容的理解也是仁者见仁,智者见智。本节将在对劳动及相关概念进行辨析的基础上,对劳动教育的概念内涵进行界定。

一、劳动的内涵

劳动是人类实践活动的一种形式,在不同的时期、不同的情境下有着不同的内涵。在古汉语中,"劳"和"动"大部分情况下是作为两个独立的字来使用。《庄子·让王》中道:"春耕种,形足以劳动。"意指:操作;活动。周瘦鹃的《劳者自歌》称:"平生习于劳动,劳心劳力,都不以为苦。"这里的"劳"作为动词,主要指生活靠体力,有"使……受辛苦"的意思。《三国志·魏志·锺会传》道:"诸葛孔明仍规秦川,姜伯约屡出陇右,劳动我边境,侵扰我氐羌。"这里的劳动指

"使……不安宁"。^① "劳动"一词在英文中是"Labor",在欧洲各国的语言中都带有"痛苦和费力"之意。^② 不难看出,人们认为劳动是痛苦的。

在《中国大百科全书·哲学卷》中,"劳动"被定义为"人类特有的基本的社会实践活动,也是人类通过有目的的活动改造自然对象并在这一活动中改造人自身的过程。劳动体现了人与自然、人与人两方面关系的统一。"^③现代汉语词典对劳动的解读有三种:一是"人类创造物质或精神财富的活动"。二是"专指体力劳动"。三是"进行体力劳动"。^④ 在《反杜林论》一书中,恩格斯认为:"劳动给每个人提供了一个全面发展和表现自己体力和脑力的机会,人类通过两种劳动的结合不断推动着社会生产和自身的发展,成为创造一切财富的源泉。"劳动促进人类的进化,催生人类的文明;劳动推动了科学技术的进步和生产力的发展;劳动创造了人世间的一切,指引着人们创造世界,改造世界。

恩格斯在《劳动在从猿到人的转变中的作用》中提到了劳动对人类进化的重要作用:"从人类与自然进行长期抗争的历史进程中不难看出,是劳动促进猿人手脚的分工和脑的发育,促进了从猿到人的转化,劳动是人有目的、有意识地制造和使用工具按照事物的本质和规律改造客观世界的社会活动,这种能动性正是人与动物的最大区别。"马克思主义认为劳动是人类最本质的活动,马克思曾说过:"任何一个民族,如果停止劳动,不用说一年,就是几个星期,也要灭

---

① 袁晖. 新编古今汉语词典[M]. 太原:山西人民出版社,1994:215.

② 李惠红. 新中国劳动教育思想解析[D]. 福州:福建师范大学(硕士),2012:9.

③ 中国大百科全书总编辑委员会. 中国大百科全书[M]. 北京:中国大百科全书出版社,2009:324.

④ 中国社会科学院语言研究所词典编辑室. 现代汉语词典(修订本)[M]. 北京:商务印书馆,2001:755.

亡。"①他认为："劳动首先是人和自然之间的过程，是人的自身的活动来引起、调整和控制人和自然之间的物质交换的过程。"②而学者王江松进一步总结了"劳动"的四重界定：定义一，劳动是人类的一种特有的活动，是人类区别于动物的特有的生存方式；定义二，劳动是一种运用体力、智力、知识和工具实际地改变外部世界和周围环境的活动，是主观见之于客观的实践活动，即把思维转换为活动；定义三，劳动是一种实际地改变自然界并生产出满足人类需要的物质财富的实践活动，是人类赖以存在和发展的、作为人类生存的永恒基础的物质资料的生产过程，是人类与自然界的物质、能量和信息的交换和变换过程；定义四，劳动是人们以自主或受雇的方式改造自然界并创造物质财富的直接物质资料生产，是人与自然界直接进行物质、能量、信息交换和变换的活动过程。③

二、劳动教育的内涵

劳动教育因其内容丰富，一般有广义和狭义之分。广义的劳动教育是素质教育的内容范畴，是教育者向受教育者施加的一种以劳动观念、劳动习惯、生产技术知识和劳动技能为内容的教育活动。④ 单从这个方面看，劳动教育包含着技术教育。学者檀传宝将劳动教育定义为："以促进学生形成劳动价值观（即确立正确的劳动观点、积极的劳动态度、热爱劳动和劳动人民等）、养成劳动素养（有一定劳动知识与技能、形成良好的劳动习惯等）为目的的教育活

① 中共中央马克思恩格斯列宁斯大林著作编译局编译. 马克思恩格斯选集（第2版第4卷）[M]. 北京：人民出版社，1995：580.
② 马克思. 资本论（第一卷）[M]. 北京：人民出版社，2004：207.
③ 王江松. 什么是劳动[J]. 中国工人，江松劳动哲学专栏论坛，2010(10)：16—17.
④ 常保晶. 当前小学生劳动教育问题探析[D]. 武汉：华中师范大学（硕士），2005：6.

动。"①国内著名劳动教育专家徐长发将劳动教育界定为："劳动教育是使青少年学生获得正确劳动观念、劳动习惯、劳动情感、劳动精神，了解和懂得生产技术知识，掌握生活和劳动技能，在劳动创造中追求幸福感的育人活动。它包括劳动思想观念的教育、劳动技术知识和劳动技能的教育。"②

　　而狭义的劳动教育，是使学生树立正确的劳动观点、端正劳动态度、热爱劳动和劳动人民、珍惜劳动成果和养成劳动习惯的教育，③这属于道德的范畴，是以思想教育为目的的教育活动。正如《中国百科大辞典》中对"劳动教育"的解释是"劳动教育是以劳动实践为主，结合进行思想教育。"这里的劳动教育强调教育与生产劳动相结合的结果，主要内容包括生活劳动、学习劳动、工作劳动、生产劳动和实践活动，其产生的价值包括认识劳动世界、提升道德情操、学会用"行动"思考、培养完美人格、强健人的体魄。④ 劳动教育并不是简单机械的劳动，它顺应了社会生产力发展的需要，它要求学生在实践活动中善于观察、思考，然后动手操作，找出其规律进行分析，以便创造出更加高级的劳动技术，这是对学生创新技能的培养。创新并不是凭空而来的，而是在一定的基础上观察、演示和分析，从而得出新的成果。而劳动教育的重要内涵就是让学生有机会去实践，做到手脑并用、知行合一，由此培养学生们的劳动意识和创新思维。

　　本书所讨论的是广义上的劳动教育，是在劳动中培养学生们的劳动观念、劳动习惯、劳动技能的一种教育方式。通过这种教育，学生在与自然和社会的互动过程中可以形成一种内在的劳动

①　檀传宝.劳动教育论要[M].北京：北京师范大学出版社，2020：50—51.
②　徐长发.劳动教育是人生第一教育[N].中国教育报，2015-05-06(7).
③　田晓蕾.培养合格大学生的必修课——劳动教育[J].吉林教育，2017(45)：6.
④　张文翰.当代中国青少年劳动教育的问题、原因及其对策[D].呼和浩特：内蒙古师范大学(硕士)，2008：12.

精神和自立意识,用课堂所学的知识去指导实践,启迪智慧,改造生活的环境。

三、劳动教育相关的概念

提及劳动教育,不由令人联想到技术教育,技术教育在劳动教育中同样扮演着重要的角色。技术是人创造的一个独特世界,是人在改造客观世界的过程中自身本质力量的体现,是社会前进的第一推动力。① 劳动与技术本身是两个单独的概念,劳动是让学生动手操作,而技术是一种方式方法,劳动可以提高人们的动手能力,技术可以为劳动添光添彩,提高效率。因此,"重劳轻技"这种思想是不能存在或立足的。为顺应时代的发展,劳动离不开技术的指导,因此劳动技术教育也被称作是从劳动中诞生、为了具体劳动所从事的、通过劳动形式所进行的技术教育。②

随着社会的发展、工业的进步,简单的体力劳动已跟不上社会发展的步伐,如何才能适应工业化大生产的需要,这一问题引发了人们的思考。在这样的时代背景下,马克思提出了"综合技术教育"的思想,旨在使儿童通过劳动教育了解生产的基本过程,并学习使用各种简单生产工具的技能。劳动技术教育在不同的时期有不同的教育内容,劳动技术多与职业技术学校所教授的内容有着很大的关系,是一种技能。早期的劳动技术侧重于劳动工具的使用和机器生产技术,随着现代工业的发展,劳动技术也与时俱进,在包含基础性技术的同时增加了现代科技使用的技术,使学生的技术水平也达到了新的高度,在一定程度上推动了社会的进步和生产力的发展。但在实际教育教学中,一些劳动技术课教师往往不能在课程中兼顾劳动教育与

---

① 刘猛. 基础教育中的劳动与技术教育[D]. 南京:南京师范大学(硕士),2003:5.
② 马开剑. 劳动技术教育反思与重建[J]. 中国教育学刊,2005(9):45—48.

德育的融合,或者出现融合方式的不恰当。这种割裂德育与劳动技术教育联系的做法,也导致了学生素质教育的不完善。①

技术教育除了需要花费相当的时间和精力外,由于技术学习方式的特殊性,实践成为其顺利开展的必需途径。技术教育的目的是让学生对技术进行理解、习得和应用。劳动技术教育不同于劳动教育,技术教育的主要内容包括手工技术、机械技术、电子(气)技术、信息技术教育等。②

从劳动中诞生的技术教育反过来赋予了劳动新的内涵,为劳动注入了新的动力。有学者认为劳动技术教育是以学生获得积极的劳动体验、形成良好技术素养为基本目标,以操作性学习为基本特征的教育。③ 劳动技术是把劳动转化为生产力的重要途径,劳动技术教育有意识地培养学生掌握现代基本生产技术和劳动技能,培养学生的实践能力,侧重于做以及做的方法,用方法去指导劳动,提升学生的学习兴趣,有利于学生劳动技术的提升,为学生将来的生活学习和工作打下一个良好的实践基础,促进学生自身发展,也能更好地推动我国生产力的稳步前进。

第二节　劳动教育的目的

我国正处在全面建成小康社会的关键阶段,切实加强劳动教育,培养学生劳动兴趣、磨练学生意志品质、激发学生的创造力、促进学生身心健康和全面发展,对于推进教育现代化、实现"两个一百年"奋

---

① 吴长青. 劳动技术教育中的德育渗透[J]. 成功教育,2009(9):144.

② 江山野. 课程改革论[M]. 石家庄:河北教育出版社,2001:102.

③ 张曼. 提升学生生活能力的综合实践课程开发[D]. 武汉:华中师范大学(硕士),2014:23—24.

斗目标和中华民族伟大复兴的中国梦具有重要的现实意义。① 劳动教育不仅能以劳树德,以劳增智,同时在以劳强体、以劳育美、以劳促创新方面也有着同样显著的功能。2015 年教育部、共青团中央、全国少工委联合颁布实施的《关于加强中小学劳动教育的意见》中明确提出劳动教育的目标是"通过劳动教育,提高广大中小学生的劳动素养,促进他们形成良好的劳动习惯和积极的劳动态度,使他们明白'生活靠劳动创造,人生也靠劳动创造'的道理,培养他们勤奋学习、自觉劳动、勇于创造的精神,为他们终身发展和人生幸福奠定基础。"② 2020 年中共中央、国务院发布《关于全面加强新时代大中小学劳动教育的意见》,同年教育部印发的《大中小学劳动教育指导纲要(试行)》为劳动教育作了具体规划,明确了新时代劳动教育的总体目标:"通过劳动教育,使学生能够理解和形成马克思主义劳动观,牢固树立劳动最光荣、劳动最崇高、劳动最伟大、劳动最美丽的观念;体会劳动创造美好生活,体认劳动不分贵贱,热爱劳动,尊重普通劳动者,培养勤俭、奋斗、创新、奉献的劳动精神;具备满足生存发展需要的基本劳动能力,形成良好劳动习惯。"③

一、思想认识层面:树立正确的劳动观念

劳动观念是个体对劳动内涵及其意义的认识,是对劳动的根本看法和态度,是开展劳动教育的认识基础,也是劳动教育的核心目标。劳动教育使学生能够正确认识和理解劳动创造人、创造财富、创造世界、创造美好生活的思想,懂得劳动最光荣、最崇高、最伟大、最

① 教育部,共青团中央,全国少工委. 关于加强中小学劳动教育的意见,2015 - 07 - 24.
② 教育部,共青团中央,全国少工委. 关于加强中小学劳动教育的意见,2015 - 07 - 24.
③ 教育部. 大中小学劳动教育指导纲要(试行),2020 - 07 - 07.

美丽的道理。①　正确的劳动观念是学生形成正确劳动意识的前提条件,只有让学生了解了劳动在人类日常生活中的重要作用、了解了劳动的重要意义,才能让学生理解劳动与人、劳动与社会发展、劳动与个人幸福之间的关系。

（一）正确认识劳动与人类的关系

恩格斯在《劳动在从猿到人转变过程中的作用》中指出:"其实劳动和自然界一起才是一切财富的源泉,自然界为劳动提供材料,劳动把材料变为财富。但是劳动还远不止如此。它是整个人类生活的第一个基本条件,而且达到这样的程度,以致我们在某种意义上不得不说:劳动创造了人本身。"②所以,要通过劳动教育使学生认识到劳动是人类赖以生存、发展的决定力量,劳动改变了人类的发展方向。

（二）正确认识劳动与社会发展的关系

劳动是"一切历史的基本条件",有了人类的劳动,有了满足人类生存必需的前提,才产生了生活和历史。③　因此,需要通过马克思主义劳动观、职业道德观等教育,帮助学生从唯物主义的立场出发,理解劳动对人类历史和社会发展的重要意义,理解要建成富强民主文明和谐的社会主义现代化国家根本上要靠劳动、靠劳动者创造,引导学生正确分析与劳动相关的社会问题,确立劳动创造幸福的人民大众立场。

（三）正确认识劳动与人的发展的关系

马克思指出:"生产劳动同智育和体育相结合,它不仅是提高社会生产的一种方法,而且是造就全面发展的人的唯一方法。"④现代社

①　邹竑.关于加强新时代青少年劳动教育的若干思考——基于上海市青少年劳动教育 40 年的实践与研究[J].教育参考,2019(3):5—9.

②　恩格斯.劳动在从猿到人转变过程中的作用[M].北京:人民出版社,1971:7.

③　中共中央马克思恩格斯列宁斯大林著作编译局编译.马克思恩格斯选集(第 1 卷)[M].北京:人民出版社,1995:24.

④　马克思.马克思恩格斯全集(第 23 卷)[M].北京:人民出版社,1972:530.

会生产对劳动者个体有了更高的素质要求,劳动者只有做到全面发展才能担负起现代社会大生产的重任,这是现代社会对劳动和劳动者提出的客观要求,也是社会发展的客观规律。因此,劳动教育还要引导学生理解马克思所提出的"劳动是人的全面发展和解放的活动,是实现人的智力与体力的有机结合和自由发挥的重要活动载体"这一理论的深刻含义,使学生充分认识到,参加劳动不仅为人类和社会发展作贡献,而且为自身的全面发展奠定基础。

二、行动能力层面：培养优良的劳动技能和终身发展能力

劳动能力是个体在完成任务的过程中所表现出来的综合素质。劳动教育可以使学生掌握与其年龄相适应的,满足自身生存、生活和适应社会发展需要的能力。[①] 劳动教育融入课堂,所带来的不仅仅是一种学习方式,更重要的是技能的提升和培养适应个性选择未来出路的能力,比如促使个体掌握劳动的基本知识和技能,正确使用常见的劳动工具,增强体力、提升智力和激发创造力,具备完成一定劳动任务所需要的设计、操作能力以及团队合作能力等。[②]

（一）基本的劳动知识和技能

通过劳动教育,一方面帮助学生建立劳动与生活、学习的有机联系,引导学生主动参与劳动,承担力所能及的家庭、校内和社区劳动任务;另一方面使学生能够科学地使用常用的劳动工具,进行简单的实验、设计、加工制作等。

（二）与技术相结合的劳动技能

劳动教育不仅仅在于对传统的传承,还要注重与现代化发展相融合,如电子信息技术就是劳动教育中不可或缺的内容。劳动技术

①　邹竑.关于加强新时代青少年劳动教育的若干思考——基于上海市青少年劳动教育 40 年的实践与研究[J].教育参考,2019(3):5—9.
②　教育部.大中小学劳动教育指导纲要(试行),2020 - 07 - 07.

素养的习得是以每个学生的个体经验和实践体悟为基础的,是在长期的生活和学校教育实践中,通过老师和专业技术人员的教导演示和监督操作慢慢积累起来的。体力劳动和脑力劳动都需要技能这个桥梁才能圆满地完成,因此,劳动教育在实施过程中,不是盲目地让学生去从事体力或脑力活动。简单劳动与复杂劳动的区别就在于是否需要技术来完成,技能提供了一种简便的途径,促使人们完成从自然人到社会人的转化。劳动教育就是在学校中向学生传授科学教学知识,为他们提供实践操作的条件,培养他们的动手能力和创新精神,培养他们认识事物的能力的教育,技术的传授也因此成为劳动教育的重要内容之一。轻松愉快的氛围对劳动教育的开展有着巧妙的烘托和催化作用,因此劳动技术类课程应该与严肃的课堂区分开来。这就意味着通用技术课程要与智能时代的时代特征相结合,利用现代信息技术,关注创意经济、互联网思维、创客思维、大数据、云计算服务、个性化学习和个性化发展等发展趋势,[①]提高学生对现代技术的使用能力和熟练程度,培养其运用电子信息科学技术的能力。

(三)面向未来的终身发展能力

劳动教育的目的不仅在于单纯地使人获得一定的劳动技能和培养积极的劳动态度,还在于通过劳动教育促进人的个性健康向上的发展,发挥劳动教育对于培养人的独特的教育价值,促进学生脑和体的结合,从而促进学生的终身发展。[②] 学生在具体的劳动实践中会遇到各种不同的事物,由此也会产生不同的意见和疑问,这些疑问促使他们去反复研究、确认,这样,问题探究能力就得到了发展和提高。在去探究问题的答案时,学生仅靠自己独立思考得出的答案会存在片面性,他们就需要与同学进行合作交流,在这个过程中那些不善言

---

① 徐长发.劳动教育是人生第一教育[N].北京:中国教育报,2015-05-06(7).

② 张文瀚.当代中国青少年劳动教育的问题、原因及其对策[D].呼和浩特:内蒙古师范大学(硕士),2008:23.

谈的人也能获得一个表达自己的机会,这样的劳动教育在教授学生技术的同时,也让他们学会交流和团队合作。劳动教育在引导学生从事劳动的同时,把一些重要的技能意识延伸到学生们的日常生活中,这样劳动教育便被提升到新的高度,不再局限于体力和脑力劳动,而是指向了培养实践与创新能力的目标,为学生们的终身发展打下坚实的基础。

三、情感态度层面：培养积极的劳动精神

劳动精神是实现中华民族伟大复兴中国梦的重要力量,是劳动教育的价值引领和最高目标,勤劳智慧、艰苦奋斗、创新实干、奉献社会等劳动精神都是一代代勤劳的中华儿女在具体的劳动实践中逐步淬炼而成的,也是通过劳动教育实现传承、发扬和进一步丰富的。

（一）在劳动人格上倡导"尊重劳动"

"尊重劳动"是新时代劳动精神的核心要义,也是对每个人的道德要求。首先,强调尊重劳动的重要性。劳动不仅创造了世界和人本身,而且为推动社会进步提供了必要的物质基础,因此一切劳动都应当受到尊重。其次,强调尊重劳动者创造的价值。劳动者付出了劳动,为社会创造了物质财富,有权利获得必要和相当的回报,任何拖欠和克扣劳动者工资的行为都是剥削劳动者的行为,都是对劳动的不尊重。第三,强调维护劳动者的尊严。要合理安排劳动者的劳动时间,维护劳动者合法权利,保障劳动者合法权利不受侵犯,创设更舒适安全的劳动环境,让劳动者心情舒畅,在工作中体会到劳动的快乐和收获的幸福。

（二）在劳动权利上倡导"劳动平等"

劳动是公民的基本权利,即任何劳动者在不影响他人的情况下都具有从事其想从事相关劳动的权利,而劳动平等是维护劳动权利的基本条件和维护劳动尊严的基本保障。第一,强调人人享有平等

的劳动机会,即所有的劳动者都能够有机会平等地参与劳动,从平等的机会中体现公平的劳动竞争,体现努力的劳动价值,体现对劳动的尊重。第二,反对一切劳动歧视与偏见。在社会主义条件下,"劳动没有高低贵贱之分,任何一份职业都很光荣"①"无论是体力劳动还是脑力劳动,都值得尊重和鼓励;一切创造,无论是个人创造还是集体创造,也都值得尊重和鼓励"。②第三,强调人人都可以通过劳动作贡献。每个人的劳动在创造自身幸福生活的同时,也在为中国特色社会主义事业发展作出贡献。

(三) 在劳动使命上倡导"劳动神圣"

按照马克思的观点,"劳动已经不仅仅是谋生的手段,而且本身成了生活的第一需要",③劳动具有光荣和神圣的意义。首先,劳动是宪法赋予的、不可剥夺的权利和义务。宪法第 42 条规定:"中华人民共和国公民有劳动的权利和义务。"劳动一方面是指公民依法"行使的权利",另一方面也是指公民依法"享受的利益"。其次,劳动是我们生存于世的最为神圣的活动。劳动是人类生存和发展的最基本条件,是每一个现代人必须具备的基本素质和行为习惯。每个公民通过行使劳动权利,一方面,为社会提供产品和服务;另一方面,从社会获取报酬,发展自我。最后,劳动果实是圣洁的。正如习近平总书记2013 年 4 月 28 日在中华全国总工会机关同全国劳动模范代表座谈时强调的那样:"人世间的美好梦想,只有通过诚实劳动才能实现;发展中的各种难题,只有通过诚实劳动才能破解;生命中的一切辉煌,

---

① 习近平. 在知识分子、劳动模范、青年代表座谈会上的讲话[N]. 人民日报,2016 - 04 - 30(2).

② 习近平. 习近平在庆祝"五一"国际劳动节大会上的讲话[E]. 新华网,2015 - 04 - 28.

③ 中共中央马克思恩格斯列宁斯大林著作编译局编译. 马克思恩格斯选集(第 4 卷) [M]. 北京:人民出版社,1995:373—374.

只有通过诚实劳动才能铸就……"①倡导"劳动神圣"就是要倡导劳动
果实是诚实劳动、精诚合作的劳动结晶。

（四）在劳动实践上倡导"劳动创造"

新时代的先进技术、人工智能在持续更新迭代，在一个充满技术
的"互联网＋"社会生态环境之中，新时代劳动精神更加注重培养学
生的实践性和创新性。首先，更注重培养服务至上的敬业精神。新
时代弘扬劳动精神更加强调劳动的实践体验性，更加侧重融入性和
探究性，更加倾向于直接经验而不是间接经验，更加关注学生尝试、
感悟和技能的建构，在劳动中有效提升学生的动手能力、沟通合作能
力及解决实际问题的能力，培养学生的职业道德，养成专业敬业的工
匠精神。其次，更注重培养精益求精的品质精神。新时代劳动精神
的培养更加注重与技术相结合，以技术应用和技术创新为核心，紧跟
现代技术的发展态势，在课程设计上既充分考虑劳动教育中技术素
养提升的内在序列，又充分考虑不同学段的学生技能培养的梯度结
构，帮助每个学生建构符合个性且适应未来发展需要的技术素养体
系，进而引导学生养成在工作中认真严谨、精益求精的工匠精神。最
后，更注重培养追求卓越的创造精神。新时代劳动精神的培养要与
"创新驱动"的国家发展战略相结合，提倡"做中学""学中做"，注重创
新意识的提升、创新思维的训练和创新能力的培养，鼓励学生不断追
求卓越，进而在全社会弘扬"劳动光荣、技能宝贵、创造伟大"的劳动
风尚。

（五）在劳动成就上倡导"劳动光荣"

在劳动成就上，新时代劳动精神倡导每个人通过自己的劳动，收
获满足感、快乐感、尊严感，在创造丰富物质财富的同时，也拥有丰盈

---

①　习近平.在中华全国总工会机关同全国劳动模范代表座谈会上的讲话[N].人民
日报,2013－04－28(1).

的精神世界。从个人意义而言,一方面个体可以通过劳动充分发挥自身的积极性与创造性,学会与人合作,追求个体幸福,享受劳动尊严。另一方面,个体可以通过劳动磨砺人的社会意志,历练与锻造勤俭节约、勤劳勇敢、艰苦奋斗、坚韧不拔等社会美德与精神财富。从社会意义而言,劳动推动社会进步,让全社会的生活质量得以整体提升。通过劳动,人们用自己的辛勤汗水和努力奋斗为推动社会文明进步作出贡献,用自己的劳动成就证实平凡中的伟大,实现个人价值与社会价值的统一。

第三节　劳动教育的基本原则

在实践中推进和探索劳动教育,促进学生形成正确的劳动观,需要结合当前学生成长实际需要,遵循学校教育的基本规律,坚持劳动教育的基本原则,把劳动教育纳入人才培养全过程。[①]

一、坚持思想引领,把握育人导向

中共中央国务院在《关于全面加强新时代大中小学劳动教育的意见》中指出：劳动教育作为中国特色社会主义教育制度的重要内容,在推进的过程中必须以习近平新时代中国特色社会主义思想为指导,全面贯彻党的教育方针,落实全国教育大会精神,坚持立德树人,坚持培育和践行社会主义核心价值观,围绕培养担当民族复兴大任的时代新人,着力提升学生综合素质,促进学生全面发展、健康成长。因此,在推进中要把准劳动教育的价值取向,引导学生树立正确的劳动观,崇尚劳动、尊重劳动,增强对劳动人民的感情,报效国家,

---

[①]　中共中央,国务院.关于全面加强新时代大中小学劳动教育的意见,2020.

奉献社会。①

　　劳动教育的发展离不开科学思想的引领。思想引领是一面旗帜,指引着劳动教育发展的前进方向。思想的提高带动行为的发展,学校劳动教育不仅仅是知识的积累和技术的提高,更要通过劳动让学生懂得热爱劳动、尊重劳动,从而培养学生良好的思想道德素质,促使其健全人格的发展。要从小教育他们学会劳动、尊重劳动者,爱护劳动成果,在劳动中互相帮助、团结合作,在劳动中磨练自己的意志品质,培养良好的劳动行为习惯,这一切通过劳动教育,学生都能获得深刻而真切的感悟并转化为他们的实际行动,从而让劳动进入个体的精神生活,进入现代社会的精神生活。

　　教师在教育中要传授正确劳动观念,树立劳动平等的态度,不能对某些体力劳动存在偏见,因为这种偏见无形中会让学生们产生一种错觉和误解,认为某些劳动是低人一等的,进而轻视甚至鄙视劳动,导致不愿从事劳动。这与我国把学生培养成热爱劳动的高素质劳动者的思想不符。教师要引导学生了解体力劳动必须与脑力劳动相结合,摒弃轻体力劳动和工农的思想,认识到各行各业劳动者的价值,尊重劳动人民的劳动成果,不论大小轻重,只要是有付出、对社会有贡献的劳动都值得尊重。在劳动教育中也要注意不要对学生施加过多的压力,甚至强迫其去完成劳动作业,这容易引发抵触情绪,毕竟劳动不是凭借一股新鲜劲儿就能持续的。要培养学生劳动光荣的思想,激发学生的内在动机,引导同学们把劳动当成兴趣和乐趣,使他们自觉、自主、自愿地参与到劳动中。

二、坚持有机融入,强化综合实施

　　劳动教育不是被校园禁锢住的教育,要把劳动教育融入社会生

---

① 　中共中央、国务院.关于全面加强新时代大中小学劳动教育的意见,2020.

活,要有效发挥学科教学、社会实践、校园文化、家庭教育、社会教育的劳动教育功能,让学生在学习中实践,在实践中学习,养成劳动光荣、劳动伟大的正确观念,培养创造性思维和动手能力。①

　　劳动是一种有效的教学方式,劳动教育能让学生摆脱单调乏味的填鸭式教学模式,在劳动中创造性地解决问题,既发展智力水平又锻炼意志品质,既创造物质财富又体验精神成就。② 上海市教委为丰富中小学生职业体验,促进职业教育与其他教育互相沟通、协调发展,推进普职融通,打造职业体验的多元学习与互动平台,让中小学生"走进一所职校、体验一个项目、了解一门职业、感受一种文化",联合一所以文化创意著称的上海逸夫职业技术学校合作举办了第三届职业技术体验日,注重顶层设计和机制创新,设计了"农产品土法深加工""机器人搭建""营销节""数绘与衍生品制作"等创新的项目,让体验者动手又动脑,掌握技巧。③

　　学生们对于新鲜事物的热情比较高涨,教师可以为重复的劳动增添新的内容,在课程开发中注重多方合作研究,开发多种形式,同时在生活化的基础上引入时代发展新技术,体验日中企业绿色环保水清漆投入"汽车彩色屋"项目,让同学们体验新技术、新工艺的绿色环保。通过这样的创新方式给学生注入一种新鲜的血液,激发他们的兴趣,用活泼、生动、多样的形式呈现给学生,形成对课堂内容的多重选择。④ 劳动教育课也因此打破了学生的思维定势,促使他们勤于

――――――――――

　　① 教育部,共青团中央,全国少工委. 关于加强中小学劳动教育的意见,2015 - 08 - 07.
　　② 马东琴. 论中学劳动教育存在的问题及解决对策[D]. 呼和浩特:内蒙古师范大学(硕士),2013:34—35.
　　③ 杨虹,吴婉莹."职业小达人"中小学生暑期职业体验活动开启[N]. 新闻晨报,2018 - 07 - 05(6).
　　④ 张曼. 提升学生生活能力的综合实践课程开发[D]. 武汉:华中师范大学(硕士),2014:42—43.

想象、善于思考,为他们提供了动手操作的机会和条件。学会劳动,热爱劳动,增强了他们的合作意识,锻炼了他们的意志品质,使他们的动手能力和创新能力真正得到了提高。

三、坚持实际体验,因地制宜开展

劳动教育就是要让学生直接主动地参与到劳动实践中,真实地接触劳动、感受劳动,体会劳动的艰辛,分享劳动带来的成果和喜悦,更重要的是让学生学会劳动,愿意参加劳动,提高学生的自主性和创新性,培养动手、动脑、发现和解决问题的能力。

学生感受到技术的力量,学习并掌握了一些基础知识和基本技能,完成自己的创意和设计,通过设计参与评价,让他们对于自己的成果有一定程度的满足感,不知不觉中也培养了他们的创新思维能力,他们不再拘泥于书本知识,会涉足技术实践相关的知识领域,掌握到书本之外的知识点。会更加充满求知的欲望,也能体会到劳动教育的无尽魅力。劳动教育轻松的氛围,给予同学们一个可以尽情地展示天性,发挥想象力和创造力的舞台,学到的知识得到应用,动手能力和创新能力也得到锻炼和提高。劳动教育的实际体验与实践是分不开的,学校的劳动教育并不只是局限于学生,亲子类活动也是进行劳动教育的契机。如学校举办微视频比赛,让父母与孩子合作录制一段"我是小帮手"的视频,不仅全家参与,并且可以促进学生与父母的沟通。还可以举行爱心义卖,让学生和父母进行手工创作,学生们的作品是爱心义卖的重要物品,学校拿这些义卖的钱作爱心帮困资助或捐赠,要让同学们感受到劳动教育不是浮于表面的受苦,而可以是助人为乐的喜悦体验。事实上,对于大人来说可能是重复无聊的劳动,对于孩子来说可以是自我的探索与尝试,也可以是自己与家人的情感互动,其中都蕴含着无穷的乐趣和惊喜。

在劳动教育基地,合作学习是劳动教育提倡的一种教育方式,进行一项项目时,项目的分工设计、制作、交流评价的过程有利于合作小组的建立。在小组分配试验田,定期进行管理,从播种到收获的一系列过程中,学生在学会简单的种植技术的同时培养了耐心,收获了自己亲手栽下的劳动成品,学生就地进行烹饪,品尝自己的劳动果实。学生在劳动过程中学习交流合作,交流劳动的情感体验,感受劳动合作带来的乐趣,从而实现共同成长。教师在教育中要用欣赏的眼光看待学生的劳动成果,实践中学生可能会出现由于经验不足而产生的失误或操作不当,当遇到有学生做错的时候老师不要急于去批评,而是要引导学生去向其他同学请教经验,或者去寻求专业人士的帮助,这样既维护了学生对于劳动的热情,又能让学生明白这不仅是自我实现价值的过程,更是学会欣赏学会尊重的过程。[1]

四、坚持适当适度,遵循教育规律

劳动教育的根本是人的教育,要遵从学生发展的规律,教育的内容也必须体现阶段性。"以人为本"是科学发展观的核心,是让人们自主开发自身资源、发挥潜能,塑造自己提升自己,同时人身安全也是必须要考虑的重要部分,因此,不同学龄阶段开展相应的劳动教育就显得格外重要。在教学中如何平衡学生的差异性,也是教师的主要任务。[2]《九年义务教育全日制初级中学劳动技术课教学大纲》对教学内容的原则也作了规定,"教学内容必须符合学生的年龄、男女的生理特点和学生的知识水平,选择他们力所能及的、无毒害、无危险的劳动项目,有利于学生的身心发展"。[3]

---

① 平安校园编辑中心. 抓好劳动教育工作促进学生全面发展[J]. 平安校园,2015:13.

② 张曼. 提升学生生活能力的综合实践课程开发(硕士)[D]. 武汉:华中师范大学(硕士),2014:42—43.

③ 中华人民共和国国家教育委员会. 九年义务教育全日制初级中学劳动技术课教学大纲[M]. 北京:人民教育出版社,1992:2—4.

在劳动教育中,教师要根据学生年龄的差异提出不同的劳动要求,在劳动的组织形式上也应有所差异。教师还要积极与家长进行有效的沟通,了解学生们的身体状况,以免在劳动实践中出现不可挽回的损失。要根据学生的年龄特点、志愿、兴趣与状态,让学生选择适合自身的活动和项目。在劳动教育实践环节中尤其要注重劳动的方式和强度,遵循循序渐进的原则,引导学生做好保护工作,保证学生的人身安全。对于上述的这些说法,可以把劳动教育进行分段结合,小学生的劳动教育更应注重自理能力的培养,比如自己穿衣、吃饭、洗衣服以及整理自己的书桌,主要是一些基础性的家务劳动;初中阶段,在学生们已经能够自理的基础上,需要加强教育的内容与学生们的品行培养相结合,在劳动教育中要注重学生们观察力、想象力、耐心和创造力等能力的培养和劳动态度的养成;在高中阶段,劳动教育的重点要放在与学生们的职业发展相结合上,根据学生们的兴趣进行不同的课程设置,且课程内容选取要与现代社会发展相适应。劳动教育中的实践固然重要,但是也不能把大部分的时间都用来进行实践,造成过度劳动。老师可以课下安排一些例如洗碗、打扫卫生、整理房间等学生力所能及的家务,但要注意教学任务与劳动教育时间的分配。此外也要处理好劳动任务安排和课业学习的关系。劳动任务不能与学习的时间相冲突,尤其是在学生学习任务繁重的情况下,要适当调节劳动教育的内容,减小劳动的强度,以免造成学生因劳动所带来的疲惫影响其日常的课堂学习,从而导致学生对于劳动的厌倦,以及家长们对于劳动教育的不满。一个有机会在劳动中尝试创造、在创造中感受劳动的学生,才能更加清晰地认识自己、发现自我。

第四节　劳动教育的途径

劳动教育要冲破的第一个障碍就是应试教育,劳动教育要转变应试教育的教育理念,释放学生们的天性。劳动教育要用它多样化的教学方式来让学生们明白,生活与学习是融合的,这种融合不仅能促进他们的文化课学习,还有益于个体身心发展,进而使他们感受到劳动在人生中的价值。劳动教育不能止于课堂,①劳动教育要经常化、实践化、活动化和规范化。本书把劳动教育的途径主要划分为与劳动教育相关的课程、校内校外劳动实践、家务劳动三个方面。

一、落实相关劳动课程

课程是落实劳动教育目标和内容的重要途径。2015 年《关于加强中小学劳动教育的意见》强调,要根据《义务教育课程设置实验方案》和《普通高中课程方案(实验)》,将国家规定的综合实践活动课程、通用技术课程作为实施劳动教育的重要渠道,开足开好。开课程,保时间,要明确并保证劳动教育课时,义务教育阶段三到九年级切实开设综合实践活动中的劳动与技术教育课,普通高中阶段严格执行通用技术课程标准,课时可视情况相对集中。② 2020 年中共中央、国务院《关于全面加强新时代大中小学劳动教育的意见》也强调了构建综合性、实践性、开放性、针对性的劳动教育课程体系的重要性,指出根据各学段特点,在大中小学设立劳动教育必修课程。中小学劳动教育课每周不少于 1 课时,职业院校以实习实训课为主要载体开展劳动教育,普通高等学校本科阶段不少于 32 学时。③

《大中小学劳动教育指导纲要(试行)》特别强调了在学科专业中有机渗透劳动教育,比如在中小学道德与法治(思想政治)、语文、历史、艺术等学科中要有重点地纳入马克思主义劳动观,纳入歌颂劳

---

①　王子墨. 劳动教育不能止于课堂[N]. 光明日报,2015 - 10 - 09(6).

②　教育部,共青团中央,全国少工委. 关于加强中小学劳动教育的意见,2015 - 07 - 24.

③　中共中央,国务院. 关于全面加强新时代大中小学劳动教育的意见,2020.

模、普通劳动者的选文选材等。在数学、科学、地理、技术等学科中注重培养学生劳动的科学态度、规范意识、效率观念和创新精神。职业院校要将劳动教育全面融入公共基础课；普通高等学校要将劳动教育有机纳入专业教育、创新创业教育等。① 相关文件的颁布，为劳动教育课程落实提供了根本指导，为相关劳动教育课程建设指引了明确的方向。

二、开展校内外劳动实践

校内外劳动实践活动是劳动教育课程教学的延伸和补充，是劳动教育的有机组成部分。校园是学生时代最重要的教育场所，学生的很多劳动技能和劳动意识培养也是与学校分不开的。劳动教育作为教育的一个重要分支理应把校园充分运用起来，开发校内资源，形成有特色的校内劳动教育文化。如广泛组织以劳动教育为主题的班团队会、劳模报告会、手工劳技展演，提高学生劳动意识。校内劳动实践活动的开展除了有效利用基本的资源外，也要注重校内潜在资源的开发与整合，城市和农村的学校可以根据学校情况建设适合的校内实践基地，大力开展与劳动有关的兴趣小组、社团、俱乐部活动，进行手工制作、电器维修、班务整理、室内装饰、勤工俭学等实践活动，②引导学生广泛参加校园保洁、垃圾分类、绿化美化等劳动实践活动。

劳动教育不同于其他的教育，实践性极强，校内实践远远满足不了以促进学生终身发展为目标的劳动教育的需求，只有将劳动教育延伸到课内外、校内外，让同学们通过劳动实践，把课本知识与实践结合起来，才能真正实现劳动知识的传授，劳动观念的培养，劳动技能的提高和劳动品质的形成。③ 校外劳动可以充分利用现有的综合

① 教育部.大中小学劳动教育指导纲要(试行),2020-07-07.
② 袁文娟.劳动教育的两个操作思路[J].班主任之友(小学版),2015(5)：22—23.
③ 张莉莉.劳动教育的实施方略[J].中国德育,2012(16)：52—54.

实践基地、青少年校外活动场所、职业院校或大学等劳动实践场所、企业公司、工厂农场、城市社区等场地,开展公益劳动、志愿服务、实习实训等。比如到社区参加环保、公共卫生等力所能及的公益劳动,参与助残、扶弱、敬老、帮幼等服务性劳动,参加生产劳动锻炼、实习实训、创新创业、假期社会实践活动等。[①]

三、鼓励参加家务劳动

劳动教育的实施单靠教师的参与是远远不够的,家庭和家长也扮演着重要的角色。家庭劳动教育主要围绕生活开展,劳动在家庭中的地位也不容忽视。《加强中小学劳动教育的意见》强调首先要教育学生自己的事情自己做,家里的事情帮着做,弘扬优良家风,参与孝亲、敬老、爱幼等方面的劳动。要密切家校联系,转变家长对孩子参与劳动的观念,使他们懂得劳动在孩子学习、生活和未来长远发展中的积极意义和作用。学校要引导家长进行言传身教,做孩子的榜样。[②] 这样的做法可以在家庭中营造热爱劳动的良好氛围,让孩子自觉参与到家庭劳动中,改变家长包办孩子一切的现象,提升孩子的劳动能力,培养他们独立自主的意识。学校要注重发挥家庭在劳动教育中的基础作用,尤其是在劳动教育实践活动设计、劳动体验任务安排的时候,要考虑到家庭劳动、亲子劳动等相关任务的设计与布置,通过家校协同,调动家庭、家长在劳动教育中的积极性和主观能动性。比如课后作业布置可以是在家中完成个人生活物品的整理、清洗,进行简单的家庭清洁和垃圾分类等;制作简单的家常便饭,掌握一定的生活技能,承担一定的家居美化等劳动任务。

---

① 教育部. 大中小学劳动教育指导纲要(试行),2020 - 07 - 07.
② 教育部,共青团中央,全国少工委. 关于加强中小学劳动教育的意见,2015 - 07 - 24.

第一章　中西方劳动教育
思想的理论溯源

理论为实践提供支撑，对于劳动教育思想的理论溯源，能够促进劳动教育更好地实施与发展。我国的劳动教育主要以马克思的劳教结合理论为指导，但是对于其他劳动教育理论的认识，不仅能够帮助我们更好地认识马克思的劳教结合理论，还能够以此认识劳动教育的发展过程，并且理解新形势下的劳动教育。本章主要分为马克思以前的劳动教育思想、马克思劳教结合理论及在社会主义国家的实践以及现代信息社会条件下的劳动教育思想等三个部分。

第一节　马克思以前的劳动教育思想

马克思以前的劳动教育，主要表现为中国古代的劳动教育以及西方马克思以前的劳动教育。中国古代直到清初颜李学派，才形成了劳动教育的理论，这一时期劳动教育的代表人物就是颜元。西方马克思主义以前的劳动教育思想代表人物主要有瑞士教育家约翰·海恩利希·裴斯泰洛齐(1746—1827)以及空想社会主义者。

一、中国古代的劳动教育思想

墨家学派的创始人墨翟十分重视生产劳动教育，他认为，对于一个人来说，依靠自己的劳动来维持正常的生存及自身的发展是最根本的生活原则。他高度肯定劳动的价值，强调"赖其力者生，不赖其力者不生"。为了使生产劳动教育获得好的成效，墨翟十分注重传授与生产劳动实践密切相关的科学知识和技能,主要包括自然科学知识以及简单的机械原理,例如杠杆原理等。[①] 他强调:"凡天下群百工,轮、车、鞼、鲍、陶、冶、梓、匠,使各从事其所能。"[②]墨翟重视生产劳动教育主要是为了实现其政治主张,实现"农与工肆之人"的利益,但是随着其政治理想实现受阻,其生产劳动教育思想并未产生重大的影响,反而是儒家思想在中国古代社会占据了统治地位。

受儒家文化的影响,在我国整个古代社会,教育一直表现出排斥、脱离生产劳动的倾向。其实从夏商周时期出现学校教育以来,劳动教育就未能在其中占据一席之地,而是主要以"六艺"为主,即礼、乐、射、御、书、数。虽然各个时期在内容上有所侧重,但基本内容并无变化。在中国人的观念里,读书就是为了考取功名,入仕为官,也就是所谓的"学而优则仕"。巫医乐师百工所从事的都是一些具体的琐碎工作,无法与做官相提并论。其后的孟子提出"劳心者治人,劳力者治于人"的观点,更是划定了官与民的界线,也从此成为人们鄙视劳动和劳动者的最好理论依据。在其后的两千多年中,教学的基本内容是以孔子编定的"六经"为主,始终没有超越儒家经典的范畴。[③] 在这其中,教育家颜元提出的劳动教育理论对于后世的劳动教育产生了巨大的影响。

颜元(1635—1704),清初儒家学者、思想家、教育家,亦是颜李学派的创始人。他一生以教学为业,继承和发扬了孔子的教育思想,提倡"经世致用"和"习行"之学,主张培养文武兼备、经世致用的人才。颜元认为要培养学生德育、智育、体育三者共同发展,反对宋明理学

---

① 韦石. 墨翟最早实行劳动生产教育[J]. 中小学管理,1996(9):39—40.

② 孙诒让. 墨子间诂[M]. 北京:中华书局,2001:163—164.

③ 李瑞华,辛全洲. 从"樊迟问稼穑"看我国传统劳动教育的缺失[J]. 青海师范大学民族师范学院学报,2015(11):65—67.

家提出的"穷理居敬""静坐冥想"的主张。① 颜元的劳动教育思想的提出,标志着对中国近两千年传统教育的反思,在教育史上留下了辉煌的一页,并且也对中国近代劳动教育的发展产生了重大的影响。

颜元的劳动教育思想深受社会的政治、经济根源的影响,同时也与他自身的人生经历有关。当时的宋明理学是偏于讲论的,而所讲之论,又无非是性命之理,所以无论讲得如何透彻,也只是"镜花水月",空谈玄妙而已,结果培养了一帮无用的迂儒。至明朝末年,程朱理学和陆王心学末流,日益流于空谈,当时的读书人,只能做到"无事袖手娱心情,临危一死报君王"。明朝中叶,在封建生产关系内部出现了具有资本主义性质的商品经济萌芽;到清初,资本主义手工业和商业获得了进一步发展。代表资产阶级利益的新兴市民阶层的力量不断壮大,他们不仅要求政治上的民主平等权利,而且也迫切地要求教育培养出适应资本主义工商业发展的新型人才。颜李学派顺从这种发展,并且受启蒙思想以及西方科学技术的影响,提出了造就礼乐、农、兵这种经世致用的人才。② 颜元的劳动思想的提出还与其自身的成长环境、生活经历有很大关系。颜元出身农家,自小即目睹父亲专事耕种。12 岁时,颜元随养祖父过着孤苦伶仃的生活,由于生活所迫,他亲身"耕田灌园",参加生产劳动,并曾学医,为人治病卖药,得资以赡养家庭。③ 这些经历使得颜元认识到了劳动教育的必要性,对其以后劳动教育思想的形成产生了重要影响。

---

① 杨跃.颜元与前苏联苏霍姆林斯基的劳动教育思想比较研究[J].学理论,2011(31):175—176.

② 郑春慧.颜李学派劳动教育思想初探[J].河北师范大学学报(教育科学版),1998(8):38—41.

③ 孙培青,李国钧.中国教育思想史(第 2 卷)[M].上海:华东师范大学出版社,1995:78—89.

颜元劳动教育的思想基础,主要包括:朴素唯物主义的哲学思想、"均田"的社会政治思想、"经世致用"的教育目的论。颜元认为世界源于阴阳二气,二气运动而生万物与人,他根据物质的第一性与物质运动的原理说明教育不能脱离客观物质世界以及人类活动。"均田"的政治思想表明应当人人有其田,人人劳动得衣食。这就要求通过教育传授农业生产知识和技能,培养人们的劳动生产能力,由此来促进国家的发展。[①] 颜元劳动教育的指导思想还来源于他提出的"经世致用"的教育目的论,他认为教育就是应该培养实用的人才,并且十分反对静坐读书的传统教育,认为这样会使人弱、使人愚,造成社会分工失调等问题。他还指出人类是劳动的活人,人类也是有情感的活人,劳动可以实现人的价值,也可以满足人的情感需求。

在教育内容方面,颜元特别强调对劳动知识、技能的教育和劳动思想观念的教育。35 岁时,颜元写了《农政要务》一书,内容涉及土壤、水利、肥料、种植、管理、收获等内容,而且他的劳动教育的内容还包括林、牧、渔、园艺、蚕桑、车御以及药材种植、采集、炮制等,并且为学塾制定了十分广泛的教学内容与科目。教学内容以"实"为特点,包含"六府"即水、火、金、木、土、豆,"三事"即正德、利用、厚生,"三物"即六德(知、仁、圣、义、忠、和)、六行(孝、友、睦、姻、任、恤)、六艺。[②] 其中三事是核心,六德、六行须落实在六艺和六府中,而六艺、六府又是为了实现三事。颜元还十分重视劳动思想和观点的教育,他提出"甘恶衣粗食,甘艰苦劳动",[③]教导人要通过劳动自食其力,并且应该不畏艰苦,以生产劳动为己任。生产劳动虽然辛苦,但是能够带来快乐。他还教导学生要尊重劳动者和他们的劳动,因为劳动者

---

① 杜成宪.颜元的劳动教育思想述评[J].教育评论,1986(1):62—67.

② 雷树祥.中国传统教学论思想的文化学分析[D].长沙:湖南师范大学(硕士),2010:10.

③ 颜元.颜元集[M].北京:中华书局,1987:750.

不仅创造了物质财富,还能拥有健康的体魄以及淳朴的心灵。

颜元的劳动教育理论还提出了劳动教育要分阶段进行,小学阶段为 8—15 岁,主要是进行日常的劳动。而大学阶段是 15 岁之后,主要是礼乐兵农,须做到精通一门或几门。劳动教育的过程中要因材施教、心体俱用,要求从学生的性格、兴趣、能力等各方面着手,培养学生的专长。心体俱用是指反对原来的教育只倡导用心而不用体,颜元提倡要心体俱用,就是指学生既要有远大志向,又要有劳动的能力和愿望。可见,劳动教育对人的发展具有重大的意义,劳动教育不仅能促进个体的身体发展,还可以促进个体的德性培养,并且劳动教育关注学生实现远大志向的实际意愿、行动能力的培养,这对于社会与国家的发展也有巨大的促进作用。

颜元的劳动教育思想对于传统教育来说是进步的,促进了人才多样化的发展,他不仅关注到了人的身体的发展,也关注到了人的道德的发展,对于促进生产力的发展有重大的意义。与颜元同时代的启蒙思想家顾炎武、黄宗羲、王夫之、戴震等人,他们的教育思想有共同特点,即反传统、尚民主、倡实用、重行动。但他们在批判宋明理学、反对传统教育方面,都不及颜元坚决。他们所谓的“动”,主要还是指道德的行动,而不是技艺和劳动。① 可见,当教育家都还未注重劳动教育时,颜元的劳动教育思想确实是先进的,并且对后来劳动教育的发展产生了重大的影响。

二、西方马克思以前的劳动教育思想

劳教结合的思想在 16 世纪欧洲文艺复兴时期产生,主要体现在托马斯·莫尔的《乌托邦》一书中,书中描绘了一个充满幻想的理想社会,人们从小就学习农业,部分在学校接受理论,部分在城市附近

---

① 杜成宪.颜元的劳动教育思想述评[J].教育评论,1986(1):62—67.

的田里实习。① 空想社会主义劳教结合思想的发展体现在 18 世纪的教育家卢梭的劳教结合思想上,他在《爱弥儿》中指出,要从小教育儿童学习农业和手工业技术,凭自己的双手谋生。19 世纪空想社会主义劳动教育思想的代表人物为傅立叶和欧文,尤其是欧文还进行了劳教思想的实验。同时代的瑞士民主主义教育实践家裴斯泰洛齐也提出了劳教结合的思想,并且也进行了实践。这些劳教结合理论与实践都对今后的劳教结合思想产生了重大的影响,并且也直接影响了马克思劳教结合理论的产生。

1. 裴斯泰洛齐的劳动教育思想

裴斯泰洛齐是 19 世纪瑞士著名的民主主义教育实践家,同时也是一位教育理论家。虽然他不是西方第一个提出教育与生产劳动相结合思想的人,但是他却是西方教育史上第一位将这一思想付诸实践并推动、发展的教育家。② 他的实践主要是通过创办孤儿院来进行劳动教育。1774 年裴斯泰洛齐创办了新庄孤儿院,目的不在于救济当时生活无靠的孤儿,而在于对他们进行教育,使他们具备劳动的能力,能够适应社会的环境,以便应付日后的生活。③ 在新庄孤儿院里,儿童们要在田地里劳动,还要在纺纱机和织布机上工作,由手工业工人做他们的教师。到了晚上,男孩儿从事园艺,女孩儿负责烹调和缝纫。④ 儿童们在孤儿院里一方面从事劳动,同时也受到一定的文化教育,从而实现了教育史上教育与生产劳动的首次结合。⑤ 但此时的教育与生产劳动的结合,只是一种单纯的、机械的外部结合,教学与劳

---

① 托马斯·莫尔. 乌托邦[M]. 北京:商务印书馆,1959:66.

② 李娇娇. 论裴斯泰洛齐劳动教育思想的现实意义[J]. 学子(理论版),2015(9):8.

③ 王天一,夏之莲,朱美玉. 外国教育史[M]. 北京:北京师范大学出版社,1993:124.

④ 李文奎. 外国教育通史(第 3 卷)[M]. 济南:山东教育出版社,1990:188—191.

⑤ 王道霞. 裴斯泰洛齐的劳动教育实验对我国初等教育的启示[J]. 文教资料,2009(30):110—111.

动之间并无内在意义的联系。1798 年至 1799 年初，裴斯泰洛齐在阿尔卑斯山区创建了斯坦兹孤儿院，专门收容战乱后产生的孤儿。在这里，他开始了第二次劳动教育实验。斯坦兹孤儿院的劳动教育实验较之新庄孤儿院发生了变化，主要有：第一，着重培养儿童劳动技能本身的训练，并在劳动中培养儿童勤劳、精细、有计划、重条理等品性，劳动的生产性已被教育性所替代；第二，在学习和手工劳动之前，先使儿童从事基本的训练，分别打好基础，强调学习为主，参加手工劳动为辅，但又强调两者的结合；第三，重视学习基础文化知识和掌握基本手工劳动技能，试图找到学习与手工劳动之间的"结合点"；第四，深信教育与生产劳动相结合对培养人的重大教育意义，而且将其和体育、智育、德育联系起来，肯定其对人的和谐发展具有重要的教育价值。①

　　裴斯泰洛齐的劳动教育思想主要包括两方面。一方面，他试图通过劳动教育来提高劳动人民的劳动技能，学会谋生本领以摆脱贫困和落后。另一方面，他极力倡导教育和生产劳动相结合的实践，因为他认为劳动教育还与体育、德育、智育紧密相连。他践行着对儿童进行"心的教育、手的教育、脑的教育"的思想，使儿童在智力、身体和道德方面得到和谐发展。他认为，劳动教育之所以重要，是因为人的本性是德、智、体（心、手、脑）的统一体。他从儿童个性发展的角度提出，教育不仅是向儿童传授知识并发展他们的智力的过程，还必须是发展他们的手艺、活动技巧的过程，以及发展他们的道德、德性、心性的过程，三者密不可分。② 裴斯泰洛齐在对自己的劳动教育思想进行评价归纳时也提到了这一点："我的初等教育思想，在于依照自然法则，发展儿童道德、智慧和身体各方面的能力，而这些能力的发展，又

---

　① 　滕大春.外国教育通史[M].济南：山东教育出版社，2005：103—105.

　② 　张焕庭.西方资产阶级教育论著选[M].北京：人民教育出版社，1979：206.

必须照顾到它们的完全平衡。"①

2. 空想社会主义的劳动教育思想

文艺复兴时期空想社会主义劳动教育思想开始萌芽，开始比较系统地论述劳动教育的问题，早期的代表人物有英国的托马斯·莫尔和意大利的托马斯·康帕内拉。他们主张废除私有制，提出人人必须劳动、重视体脑结合、批判不劳而获。英国的早期空想社会主义者托马斯·莫尔在他的著作《乌托邦》里描绘了三种劳动形态，提出了体力劳动与脑力劳动结合、教育与生产劳动结合的思想。② 他在书中提到，乌托邦人生活中的两件事就是生产劳动、从事文化教育和科学研究工作。17 世纪，意大利的空想社会主义者康帕内拉在《太阳城》中，歌颂了理想的社会主义社会里，劳动被看作光荣的活动这一现象，还特别强调了劳动技术教育的重要性。③ 在太阳城中，每个公民每天只需承担四个小时的体力劳动，其余的时间都用来愉快地研究科学、开座谈会、阅读、讲故事、写信、散步以及从事发展脑力和体力的活动，这就表明早期空想社会主义劳动教育不仅重视体力劳动而且重视脑力劳动。④

早期空想社会主义劳动教育思想的内容还包括：以劳动和健康为美、重视对儿童进行劳动教育。莫尔认为快乐是人身心和谐的自然状态，主张身体快乐和精神快乐的统一，尤其强调精神的快乐，强烈批评损害自身体力、糟蹋自身健康的做法，认为这是对自己残忍和对自然忘恩负义的一种表现。康帕内拉也在《太阳城》中论述了劳

① 刘新科. 国外教育发展史纲[M]. 北京：中国人民大学出版社，2008：124.
② 郝春鹏. 莫尔《乌托邦》的劳动问题[J]. 海南大学学报（人文社会科学版），2020(1)：14—19.
③ 王昌英. 马克思教育与生产劳动相结合思想的哲学视角及其当代观照[D]. 合肥：安徽大学（硕士），2006：8—19.
④ 康帕内拉. 太阳城[M]. 陈大维等译. 北京：商务印书馆，1980：32.

动、健康和美的关系,认为只有参加劳动,身体健康,才能显示美。莫尔与康帕内拉都主张普及教育,康帕内拉提出国家有责任使所有幼儿得到平等的养护和教育。太阳城的儿童七岁后,就需要一边接受普通教育,一边接受劳动启蒙教育,并在劳动中被考察其智慧和志向。[①] 莫尔认为儿童应该从小学农,部分在学校接受理论,部分到城市附近农庄上实习旅行,每当有体力劳动的机会,就从事实际操作。[②]

莫尔和康帕内拉的劳动教育思想为后人勾画了理想的教育蓝图,肯定人民大众受教育的权利,重视脑力劳动与体力劳动相结合,希望每个人都有充分的时间享受人类共同的科技、文化、艺术等文明成果,致力于人的全面发展。[③]《乌托邦》和《太阳城》都是具有重要影响的空想社会主义著作。莫尔和康帕内拉的劳动教育思想,是以后各时期空想社会主义思想的最初形态,并且教育与生产劳动相结合几乎成为空想社会主义者共同的主张。"未来社会人人都应参加生产劳动,人人都应受教育"这个早期空想社会主义者的理想后来成为马克思主义教育思想的萌芽。

18 世纪杰出的思想家和教育家卢梭认为"劳动是社会的人不可或缺的责任"。[④] 他的劳动教育思想集中体现在他的著作《爱弥儿》中。卢梭劳动教育的出发点就是他的自然教育观,他认为教育就是要回归自然,而劳动可以使人最接近于自然状态。他认为劳动教育的意义重大,劳动不仅可以促进儿童的身体和双手得到较好的训练,

---

① 朱磊.早期空想社会主义劳动教育思想及其当代价值[J].广西师范大学学报(哲学社会科学版),2016:163—167.

② 吴式颖,任钟印.外国教育思想通史第 4 卷(文艺复兴时期的教育思想)[M].湖南教育出版社,2002:112.

③ 朱磊.早期空想社会主义劳动教育思想及其当代价值[J].广西师范大学学报(哲学社会科学版),2016:163—167.

④ 卢梭.爱弥儿:论教育(上卷)[M].北京:商务印书馆,1978:262.

还可以促进儿童智力发展,培养儿童的良好品德。① 因为这样在锻炼学生身体和手工劳动习惯的同时,在不知不觉中还培养了他们爱反复思考的性情。卢梭说,闲荡是道德败坏的源泉,只有通过体力劳动,才能抵制住诱惑,不至于走向歧途。②

19 世纪的空想社会主义劳动教育思想的代表者有沙利·傅立叶和罗伯特·欧文。"法郎吉"就是当时傅立叶设想出的一种社会主义社会的基层组织,在这样的组织中既不存在脑力劳动与体力劳动的差别,也没有城市与乡村的对立。在教育上,他主张对儿童从小实施劳动教育和科学教育,认为劳动与教育在未来社会中有重要的意义。他说:"新的社会制度,保证参加生产者中的不甚富裕的人以充分的幸福,使他们永远地、热烈地喜爱自己的劳动。"③

欧文是英国杰出的空想社会主义实践家,他创立了共产主义实验区。1824 年欧文筹集了三万英镑,率领他的四个儿子和一些门徒到了美洲,在印第安纳州买了土地,招收了一千人,建立了"新和谐"共产主义实验区,在这里进行使儿童的成长和教育与生产劳动紧密结合起来的试验,在这里,每天上午 5 时至 11 时劳动,11 时至下午 2 时 30 分学习,下午 3 时至 5 时劳动,晚饭后至 8 时继续学习,这样边读书边参加劳动。④ 在这些实践中欧文提出了"体力劳动与脑力劳动相结合""生产劳动与教育相结合""培养全面发展的人"等思想主张,为他的劳教结合理论奠定了坚实的基础,也解释了要促进人和社会生产的正常发展必须把知识教育、体力发展与生产劳动结合起来的

---

① 《德育百科全书》编委会编. 德育百科全书[M]. 天津:天津大学出版社,1994:125.
② 卢梭. 爱弥儿:论教育(上卷)[M]. 北京:商务印书馆,1978:287.
③ 傅立叶. 傅立叶选集(第 3 卷第 2 版)[M]. 北京:商务印书馆,1982:205.
④ 翟广顺. R·欧文教劳结合的理论与实践对马克思主义教育思想的影响[M]. 当代教育科学,1992(6):79—81.

客观规律。欧文的实践不仅是可贵的,并且也为后来的马克思的劳教结合理论提供了宝贵的经验。

第二节 马克思的劳教结合理论及其在社会主义国家的实践

一、马克思的劳教结合理论

1. 马克思劳教结合理论的产生条件

随着资本主义的产生与不断发展,19 世纪中期兴起了第二次工业革命,使得机器大工业逐渐代替了工场手工业。当时资产阶级为了最大限度地攫取财富,在大量雇佣成年男子的同时,还雇佣大量的儿童和妇女参加劳动,榨取他们的剩余价值。在工厂里的儿童由于繁重的体力劳动、贫困潦倒的生活、少得可怜的教育,产生了青少年道德沦丧、犯罪不断的畸形社会现象。当时的社会状况让马克思开始思考劳动需要和教育相结合的问题,这也成为马克思劳教结合思想产生的社会根源及思想条件。

在马克思个人的成长中,他自身的人生观和价值观也影响着他劳动教育思想的形成。在中学时代,马克思曾写过《青年在选择职业时的考虑》,在这篇作文中他充分表达了自己对人生幸福和职业发展的理解。他说:"在选择职业时,我们应该遵循的主要指针是人类的幸福和我们自身的完美。……人们只有为同时代人的完美、为他们的幸福而工作,才能使自己也达到完美。"① 这种为全人类奉献劳动价值的崇高境界和远大的人生理想影响和决定了马克思的一生,也决定了他能够站在无产阶级的立场上,结合实践思考无产阶级社会的教育问题,也为他提出劳教结合的理论提供了可能性。

① 马克思,恩格斯. 马克思恩格斯全集(第 40 卷)[M].北京:人民出版社,1982:5.

空想社会主义有关劳动教育的思想和实践探索为马克思提出劳教结合的理论提供了思想源泉。在批判、继承了空想社会主义者关于劳教结合理论的合理内核后，马克思以辩证唯物主义和历史唯物主义的观点重新审视和变革过往的思想，从而实现了劳教结合理论从空想变为科学。另一方面，欧文率先在工厂中开展的教育与生产劳动相结合的实验，大工业的迅速发展对工人在工作中提出了掌握现代生产技术的现实需要，英国推出的"工厂把初等教育宣布为劳动强制性条件"等相关的教育条款，都让马克思看到了劳动和教育相结合在实践推行中的可能性，以及劳教结合的必然趋势。[①] 这些都成为马克思提出劳动和教育相结合理论的现实基础。

2. 马克思劳教结合理论的理论基础及对"教育"与"劳动"的认识

要想了解马克思的劳教结合理论，首先就要了解马克思的劳教结合理论的理论基础以及马克思对"教育"与"劳动"之间关系的认识。马克思劳教结合理论的产生是基于他的科学实践观。马克思在《1844 年经济学哲学手稿》对"以劳动实践来规定人的本质"展开了具体论述，开创了从生产劳动出发来考察人类历史发展的路径，他说："哲学家们只是用不同的方式解释世界，而问题在于改变世界。"[②]因此，马克思关于劳动教育的思想是从科学实践观出发来理解教育的实质，他认为劳动实践是人类生存和发展的本源，劳动教育是体现人类生存方式的一种特殊实践活动。

在马克思的观念中，教育是历史性的存在，也是一个社会化的过程。教育随社会的发展而变革。作为一种特殊的生产活动形式，教

---

① 王昌英. 马克思教育与生产劳动相结合思想的哲学视角及其当代观照[D]. 合肥：安徽大学(硕士)，2006：8—19.

② 卡尔·马克思，弗里德里希·恩格斯. 马克思恩格斯全集(第 42 卷)[M]. 北京：人民出版社，1979：97.

育既表现出上层建筑的属性,也有为生产力服务的功能,但本质上又不局限于上层建筑或生产力本身。在马克思看来,只有找到教育最深层的本源,才能正确地认识和理解教育问题。马克思将人的生存需要定义为教育存在的合法性基础,认为人的生存方式是教育的本源性依据,而人的现实的实践活动是教育的现实状态。① 马克思将教育的基本内容概括为:"智育、体育及技术教育等,最重要的是使儿童和青年了解生产各个过程的基本原理,同时使他们获得适用于各种生产的最简单的工具和技能。"②从马克思的角度来看,教育作为人的一种特殊劳动实践活动,本质上反映了人的生存方式,教育的合法性基础在于能够满足人们的现实生活需要。

劳动是人类特有的实践活动,是人类与其他物种相区别的一种本质性特征,是物质财富和精神文明产生的根本途径。马克思从存在论的层面论证了劳动是人存在的本质,揭示了人本质的历史性和实践性。马克思认为,劳动作为中介性的实践活动,实现了主观世界与外在客观世界的联系。他从普遍性意义的角度对劳动进行了抽象,已经超越了具体的人所开展智力或体力的实践活动,从而提出人生存方式的最基础样式。马克思所提出的生存方式实际上是一个集人的生产方式、生活方式、发展方式于一体的复合性概念。

3. 马克思劳教结合理论的丰富内容

马克思在《共产党宣言》中提出教育与生产劳动相结合的思想。他指出"对一切儿童实行公共和免费的教育。取消现在这种形式的儿童的工厂劳动。把教育同物质生产劳动结合起来"。③ 虽然马克思

---

① 刘媛媛.马克思劳动教育思想及其当代价值[D].威海:山东大学,2016:8.

② 卡尔·马克思,弗里德里希·恩格斯.马克思恩格斯选集(第1卷)[M].北京:人民出版社,1975:225.

③ 卡尔·马克思,弗里德里希·恩格斯.共产党宣言:党员干部普及读本(百周年纪念版)[M].北京:民主与建设出版社,2018:62.

并没有专门论述劳教结合理论的专著,但是马克思的文章和著作都贯穿着一条主线,就是教育和生产劳动相结合。在《资本论》中也包含了丰富的教育与生产劳动相结合的思想,他指出"未来教育对所有已满一定年龄的儿童来说,就是生产劳动同智育和体育相结合,它不仅是提高社会生产的一种方法,而且是造就全面发展的人的唯一方法"。① 在《哥达纲领批判》中,马克思指出:"在按照各种年龄严格调节劳动时间并且采取其他保护儿童的预防措施的条件下,生产劳动和教育的早期结合,是改造现代社会最强有力的手段之一。"②

由此可以看出,马克思一直在追求实现工人的合法权益,帮助工人尤其是儿童,实现其教育与生产劳动相结合,目的就在于使他们成为全面发展的人。结合当时教育与生产劳动的考察,他提出了两者结合的历史必要性与实践可能性,也指出了两者相结合对人类发展的重要意义。

4. 教育与生产劳动相结合的功能

马克思不仅提出注重将培养儿童的劳动与教育相结合,同时也提出了教育与生产劳动相结合的功能,即改造社会的政治功能、提高社会生产的经济功能和造就全面发展的人的主体性功能。③ 教育与生产劳动相结合这样一种教育方式,连接生产与科技,能够促进人的全面发展,并且是造就全面发展的人的根本途径,最终建立无产阶级的理想社会。马克思提出的教育与生产劳动相结合的三大功能中,改造社会的功能和提高生产的功能互为前提和依据,改造社会有利于解放和发展生产力,提高生产力的发展又能推动生产关系的改变,

---

① 卡尔·马克思,弗里德里希·恩格斯.共产党宣言:党员干部普及读本(百周年纪念版)[M].北京:民主与建设出版社,2018:63.

② 舒志定.人的存在与教育——马克思教育思想的当代价值[M].上海:学林出版社,2004:179.

③ 王焕勋.马克思教育思想研究[M].重庆:重庆出版社,1988:130—132.

即改造社会。改造社会和提高生产都是手段,而不是目的。[①] 可见,马克思的劳教结合思想强调劳动是教育的重要形式和途径,也是教育的根本内容,最终的目标是实现人的全面发展。他认为核心是人以及人的全面发展,只有实现了这一目标,改造社会和提高生产力才有实际的价值和意义。

二、马克思的劳教结合理论在社会主义国家的实践

马克思关于劳教结合理论在苏联和古巴等社会主义国家的实践和发展,取得了一些劳动教育的成功经验,值得我们学习与借鉴。

1. 苏联的劳教结合实践

十月革命后,列宁、斯大林领导的社会主义国家苏联首次实践了马克思的劳教结合理论。1919 年 3 月,俄共(布)"八大"通过了列宁起草的党纲,其中第九款第三条规定:"对未满十六岁的男女儿童实行免费的普遍义务综合技术教育(从理论上和实践上熟悉一切主要生产部门)。"[②]列宁还根据当时的现实情况,对实施综合技术教育的原则、方法、内容作了明确具体的规定。在"避免过早地专业化"和"扩大普通学科的范围"两条原则下,他对第二级学校高年级,提出了培养木工、钳工的任务,但是规定其同时必须具有最基本的普通知识和综合技术知识,包括电力、机械、化学、农艺,以及参观工厂、农场等详细内容。[③]

整个 20 世纪 20 年代,苏联教育处于批判旧的教育制度、创造社会主义新型学校的探索阶段。1918 年 8 月在全俄教育工作第一次代

---

① 王昌英. 马克思教育与生产劳动相结合思想的哲学视角及其当代观照[D]. 合肥:安徽大学(硕士),2006:39.

② 列宁. 列宁选集(第三卷)[M]. 北京:人民出版社,1972:765.

③ 宋丽荣,姜君. 俄罗斯:以劳动教育传承民族文化[J]. 云南教育(视界时政版),2020:27—28.

表大会上,与会者就学校体制问题围绕《莫斯科方案》和《列宁格勒方案》展开了激烈的争论。争论的焦点是劳动在学校教育中的作用与地位问题。最后通过了以《莫斯科方案》为主,兼采《列宁格勒方案》某些观点的《统一劳动学校规程》和《统一劳动学校基本原则》两个文件,规定 6—17 岁的儿童、青少年应全部进入分为两级的统一劳动学校接受免费义务教育,两级学校的教学都带有普通教育的综合技术性质,但是却错误地规定生产劳动应当成为学校生活的基础。整个20 年代,苏联的劳动教育发生了两种偏向,以手工劳动代替综合技术教育和以劳动代替教学。[①]

1931 年 9 月 5 日联共(布)作出了《关于小学和中学的决定》,重申学校工作应以列宁对实施普及综合技术教育问题的指示为基础,同时强调"教学跟生产劳动的结合必须在学生的一切社会生产劳动服从于学校的教学和教育目的的基础上来进行"。[②] 但在实际执行中却逐渐出现了另一种倾向:不重视劳动教育,不实行关于普通教育与综合技术教育相结合的指示。1937 年 3 月 4 日教育人民委员部干脆下令取消了劳动课,关闭了学校工场。[③] 1938 年开始的第三个五年计划要求教育培养更多的经济建设人才,并且由于教育的普及,中学毕业生大大超过高等学校的招生人数,造成了缺乏实际训练的青年不适应工农业生产部门要求的问题。在这样的历史背景下,劳动教育才又被重视起来。[④] 在卫国战争期间苏联政府尤其重视劳动教育,在"一切为了前线,一切为了胜利"的口号鼓舞下,广大青少年学生和教师纷纷奔向农业第一线,城市的中、小学生积极参加搜集废金

---

① 刘世峰. 苏联劳动教育六十年述评[J]. 全球教育展望,1981:17—23.

② 苏联普通教育法令选译[M]. 北京:人民教育出版社,1956:19.

③ 王绍兰. 国外教育同生产劳动相结合模式[M]. 北京:教育科学出版社,1995:145.

④ 刘世峰. 苏联劳动教育六十年述评[J]. 全球教育展望,1981:17—23.

属和实习工厂的工作。[①]

由于普及教育的提高,到 1957 年苏联普通学校的学生已达 3 060 万人。十年制中学毕业生每年达 160 万人,而高等学校每年仅招 40 万名新生,其余的毕业生都要选择就业,但因缺乏生产劳动的基本训练很难就业。同时,赫鲁晓夫出于同美帝争霸,迫切需要扩充经济实力,国家对高级专门人才的需要基本得到满足,而对中等技术人员和辅助人员的需要急剧增加。[②] 在这一阶段,赫鲁晓夫第三次改革教育,发布了《关于加强学校同生活的联系和进一步发展苏联国民教育制度的法律》,重点加强劳动与生产生活的联系。[③] 增加普通学校的劳动课时,另外中学各年级每年还要组织 12—24 天的生产劳动和社会公益劳动,农村中普遍建立了"学生工作队""学生生产队"。赫鲁晓夫的这次教育改革先后拖了五六年,结果与其政治垮台一样,以失败而告终。[④]

1964 年 10 月勃列日涅夫上台后,要使苏联成为"超级大国",就急需大批技术熟练的劳动力,同时也需解决中学生就业的棘手问题。为此,苏联政府从 1964 年发布了一系列旨在提高知识的质量的教育法令和文件,缩短学制、削减劳动课时(八年制学校的劳动时数一般减少 1/2,十年制学校高年级减少 3/4)、取消普通中学的职业训练、废除了高校新生 80% 从有两年以上工龄的青年中招收的制度。[⑤] 1977 年苏联颁布的《关于进一步改进普通学校学生的教学、教育和劳动训练的决议》这一政策文件,强调"中学毕业生在学习期间应当

① 沃尔柯娃. 苏联的国民教育[M]. 上海:生活·读书·新知三联书店,1949:126.
② 刘世峰. 中国教劳结合研究[M]. 北京:教育科学出版社,1996:22—23.
③ 郭元婕. 新时代劳动教育的理论研究[M]. 北京:北京教育出版社,2021:35.
④ 刘世峰. 苏联劳动教育六十年述评[J]. 全球教育展望,1981:17—23.
⑤ 汝骅. 俄罗斯中小学的劳动教育与综合技术教育[J]. 苏州教育学院学报,2002(1):96—99.

掌握深刻的科学基础知识和在国民经济中工作的劳动技能,要认真掌握一定的职业技能",而且九、十年级的劳动课从每周两小时增加到四小时。① 至此之后,苏联政府十分重视大力发展职业技术教育和训练。

苏联的劳动教育经历了起起落落,总体上看苏联坚持了马克思的劳教结合理论并且注重本国劳动教育的发展,但是也犯了一些错误,究其原因主要是难以平衡教育与劳动的关系,主要表现在两个极端,一是忽视教育只注重劳动,二是提高教育的地位,但是却抛弃了劳动,这两个极端都不同程度地阻碍了苏联的发展。但是苏联坚持了马克思的劳教结合理论同综合技术教育相结合,并且苏联的实践也为我国的劳动教育实践提供了教训与经验。如何在新时期更好地实现教育与劳动的结合,如何更好地对学生进行综合技术教育,是我们应不断探索的内容。

2. 古巴的劳教结合实践

古巴教育部为了更好地贯彻教育与劳动相结合的方针,于 1964年公布了关于"教育工艺化"的决议,决议规定小学和初级中学实行劳动教育,要求学生参加劳动,通过联系生产实际和学习将学生培养成为新型的社会主义建设者。② 古巴的劳动教育有自己的一整套做法:各学校都设有劳动教学办公室,专门负责指导与组织劳动的工作;从幼儿园到大学的各年龄阶段都有实施劳动教育的大纲和细则;为加强综合技术劳动训练,发展学生多方面的兴趣和才能,把课程分为两类,一类是为"学生—劳动者"开设的普通课程,一类是为"劳动者—学生"开设的平行课程,规定从七年级开始,各学校可以有计划地开设一些与职业技术有关的选修课;根据学生的年龄特点、志愿和

---

① 外国教育丛书编辑组.六国教育概况[M].北京:人民教育出版社,1979:343.
② 顾明远.世界教育大事典[M].南京:江苏教育出版社,2000:102.

兴趣,成立各种综合技术教育小组,以发展学生的技术创造性,加深和扩大课堂教学的知识,培养学生对技术的兴趣和爱好;强调学生自治,训练学生的自理能力,以全面培养和提高学生的独立工作能力和组织领导能力。①

古巴领导人认为,学习的目的就是将学生培养成为新型的社会主义建设者,学生要通过学校教育树立起热爱劳动、热爱劳动人民的社会主义道德标准。要加强学校教育与社会生活的联系,在劳动中培养新的一代。② 强调学校要做到三个相结合:"普通教育与劳动教育相结合,体力劳动与脑力劳动相结合,理论与实际相结合。"③ 学生参加劳动的方式一般有三种,即校内劳动、农牧劳动和社会公益劳动。④ 古巴劳动教育发展的成功经验之一就是把教育与古巴的社会发展紧密结合起来,聚焦培养学生的社会适应与实践操作能力,从而为古巴的发展培养了一大批建设者。

第三节　现代信息社会条件下的劳动教育理念

习近平总书记在党的十九大报告中指出:"建设知识型、技能型、创新型劳动者大军,弘扬劳模精神和工匠精神,营造劳动光荣的社会风尚和精益求精的敬业风气。"⑤ 结合我国的学生发展核心素养,在现代信息社会条件下,劳动教育具备了新理念和新特点,不断展现了素质教育的要求,主要表现为:回归自然的新劳动教育理念、积极与生命教育相呼应、注重"技术"的重要性以及将"研究性学习"融入劳

---

① 曾昭耀. 战后拉丁美洲教育研究[M]. 南昌:江西教育出版社,1994:56.
② 黄南婷. 古巴劳动教育在人才培养中的作用[J]. 2011 年教育科学与管理工程国际学术会议,2011:1295—1299.
③ 马卡连柯. 马卡连柯全集[M]. 北京:人民教育出版社,1958:221.
④ 顾明远. 世界教育大事典[M]. 南京:江苏教育出版社,2000:102.
⑤ 中国共产党第十九次全国代表大会文件汇编[M]. 北京:人民出版社,2017:25.

动教育。

一、回归自然的新劳动教育理念

美国作家理查德·洛夫认为："孩子就像需要睡眠和食物一样，需要和自然接触。"相反的是，现代儿童却在不断地远离自然，患上了"自然缺失症"。[①] 劳动教育本身就是让学生感受自然的教育，但是现在的孩子却远离了自然，很多孩子不知道农作物的种类，甚至不知道农作物是生长在地上还是地下。所以，有学者和学校劳动教育实践者就提出了让学生回归自然的新劳动教育理念，力图让学生在劳动中回归自然、亲近土地，在劳动中感受光荣，体验人对生活的能动创造；在劳动中感到乐趣，发现大自然与人的关系；在劳动中感受快乐，发现自我的才能。[②] 通过"新劳动教育"唤醒孩子对自然、对劳动的热爱之情，孩子们的双手变得灵巧，智慧得到发展，健康快乐地成长为一个热爱生命、热爱生活的人。[③]

"新劳动教育"的目的不仅在于学生德育的培养，而且涉及教学和综合实践等领域，充分体现了素质教育的要求。新劳动教育的新表现在目标、内容、评价等方面。目标上，新劳动教育首先要树立学生正确的劳动观念和主动的劳动意识；其次要让学生真正热爱劳动和劳动人民，养成劳动习惯，并具备基本的劳动技能；此外新劳动教育注重培养学生的劳动兴趣与创造精神。内容上，新劳动教育不仅包括德育，还包括文学、科学、艺术、体育，目的在于让学生在多样化的劳动教育课程中认知、体验、探究、创造。评价上，新劳动教育的评价不重短期重长远，不重划一重多元，不重分数重参与，相对于结果

更看重过程,相对于掌握知识的要求更注重实践。新劳动教育鼓励孩子们大胆尝试,充分体验,积极探究,愉快合作。只要经历过,就能得到肯定,只要努力过,就能有所收获。①

回归自然的新劳动教育理念不仅关注到了学生的健康生活,还关注到了学生的创新能力的培养,让学生在自然中体悟劳动的价值,实现学生的全面发展。

二、积极与生命教育相呼应

让学生体验农耕的乐趣,同时也能够感受生命的成长,所以劳动教育也能够促进生命教育的培养。当前社会出现了许多对生命漠视的行为,诸如心理扭曲,自杀,很大一部分原因在于缺乏生命教育。《生命教育导师》中指出:生命教育,即是直面生命和人的生死问题的教育,其目标在于使人们学会尊重生命、理解生命的意义以及生命与天人物我之间的关系,学会积极地生存、健康地生活与独立地发展,并通过彼此间对生命的呵护、记录、感恩和分享,获得身心和谐发展,事业成功,生活幸福,从而实现自我生命的最大价值。生命教育的中心思想在于以智慧"尊重他者与自己的生命",以改善现代年轻人自杀及欺凌行为问题。②

生命教育是一切教育的前提,同时还是教育的最高追求。因此,生命教育应该成为指向人的终极关怀的重要教育理念,是在充分考察人的生命本质基础上提出来的,符合人性要求,它是一种全面关照生命多层次的人本教育。③ 生命教育不仅要教会青少年珍爱生命,更

---

① 章振乐."新劳动教育":让人事相趣[J].人民教育,2014(8):62—65.

② 冯士芹.思想政治教育视域下的大学生生命教育研究[J].法制与社会,2014(10上):221—222.

③ 朱永新.新教育实验,为中国教育探路[M].北京:中国人民大学出版社,2017:81.

要启发青少年去完整理解生命的意义,积极创造生命的价值;生命教育不仅要告诉青少年关注自身生命,更要帮助青少年关注、尊重、热爱他人的生命;生命教育不仅是惠泽人类的教育,还应该让青少年明白让生命的其他物种和谐地生活在同一片蓝天下;生命教育不仅是关心今日生命之享用,还应该关怀明日生命之发展。①

生命教育是最重要的教育,应该在儿童时期就对孩子进行生命教育。一般家长采用的方式可能都是讲故事,其实也可以采用劳动这一方式,让孩子在实践中感悟生命的珍贵。劳动教育是培养生命教育的一种方式,具体可以让孩子在劳动中感受到农作物一点一点地生长;还可以让孩子专门种植一株植物,在悉心地照顾呵护与等待中感受生命的珍贵;孩子也可以在与大家共同的劳动中,建立友谊,尊重生命,发现生命的价值。在现代信息社会条件下,出现了忽视人性、漠视生命的问题,呼吁对学生进行生命教育的重要性不言而喻,而劳动教育的特点能够积极与生命教育相呼应,这是现代社会发展的现实诉求,也是当下劳动教育面临的新特点。

三、注重技术的重要性

2001年颁布的《基础教育课程改革纲要(试行)》要求小学至高中设置综合实践活动课并作为必修课,综合实践活动课包括:信息技术教育、研究性学习、社区服务与社会实践以及劳动与技术教育;并强调这四个部分不是完全独立的,四个部分要相互结合以培养全面发展的学生。劳动与技术教育课主要培养学生热爱劳动、尊重劳动的观念和技能;获得积极劳动体验、获得良好技术素养,促进多方面共同发展;了解必要的通用技术和职业分工,形成初步技术意识和

---

① 叶飞飞.让生命教育贯穿德育课堂[J].职业,2013(4):36.

技术实践能力。① 将劳动技术教育改为劳动与技术教育，无疑是有深意的，因为我们的劳动教育一直是处于一种"有劳无技"的状态，并且大众对劳动技术教育的认识也比较狭隘。

"技术"一词的含义是在不断发展变化的，并且有广义与狭义之分。卡普在 1877 年出版的《技术哲学纲要》中提到："广义的技术是指一切人类活动领域中通过理性得到的具有绝对有效性的各种方法的整合，而狭义的技术主要是指人类为了满足社会需要而依靠自然规律和自然界的物质、能量和信息，来创造、控制、应用和改进人工自然系统的手段和方法，更有甚者认为高科技与机械加工才是技术，而简单的陶艺和布艺并不能够称之为技术。"②在现代信息社会下提出劳动与技术教育，不仅是对于技术教育的重视，也是对于劳动教育在培养技术方面作用的深化。劳动与技术教育不仅关注劳动教育，而且将劳动与技术教育合理地结合，从而满足社会对于人才的需求，这样既实现了人的全面的发展，也能促进社会的发展。

综合实践活动框架下的劳动与技术教育，将传统的劳动与技术教育进行了重组和拓展，从而超越了传统劳动与技术教育的课程内涵和要求。新的劳动与技术教育关注学生自主探究和创新能力的培养，让学生在小组活动中学会互相合作，培养学生的综合能力。③ 新课程理念下的劳动与技术教育既包括传统的劳动教育（自我服务性劳动、家务劳动、公益劳动等），也包括技术教育（技能练习、工艺制作、简易设计、技术试验、发明创造、职业体验等），它是劳动教育和技

---

① 教育部. 基础教育课程改革纲要（试行），2001.
② 陈昌曙. 技术哲学引论［M］. 北京：科学出版社，1999：94.
③ 乐素芬. 论综合实践活动课程框架下的劳动与技术教育［J］. 中国教育学刊，2007（8）：45—47.

术教育的有机整合。① 2015 年,教育部下发了《关于加强中小学劳动教育的意见》,提出要明确并保证劳动教育课时,义务教育阶段三到九年级切实开设综合实践活动中的劳动与技术教育课,普通高中阶段严格执行通用技术课程标准,课时可视情况相对集中。② 可见,劳动教育是一个概括性的概念,要想不断加强劳动教育,劳动与技术教育的提出以及相应课程体系的建立与实施是必不可少的。

四、"研究性学习"融入劳动教育

研究性学习是指学生基于自身兴趣,在教师指导下,从自然、社会和学生自身生活中选择和确定研究课题,主动地获取知识、应用知识、解决问题的学习活动。它强调学生通过探索实践,增强探究意识,学习科学研究的方法,发展综合运用知识的能力,它的核心活动是课题研究或项目探究活动。③ 它强调通过人与物的作用、人与人的互动来从事操作性学习,强调学生动手和动脑的结合,并倡导以活动项目为载体从事学习活动。④ 而劳动教育也是与生活实际、生产实际、社会实际联系紧密的教育活动,旨在通过学生动手实践获得积极劳动体验,形成良好劳动素养。研究性学习与劳动教育两者具有共同点,有互相结合促进学生全面发展的可能性,两者都体现了实践性,目的都是培养学生的实践能力。劳动教育的内容就是学生实际生活中遇到的问题,这种特点就决定了研究性学习需要以劳动教育

---

① 肖金良.综合实践活动课程框架下小学劳动与技术教育的现状及其思考[J].新课程研究(基础教育),2010(6 上):126—130.

② 教育部,共青团中央,全国少工委.关于加强中小学劳动教育的意见,2015 - 07 - 24.

③ 林亚辉.综合实践活动视域中的劳动与技术教育活动研究[D].扬州:扬州大学(硕士),2009:16.

④ 蔡其勇,吴立华等.试析劳动与技术教育和研究性学习的整合[J].福建教育学院学报,2004(12):58—61.

为内容载体,而劳动教育也需要以研究性学习为核心持续性深化。研究性学习是一种自主学习、主动探究的学习方式,促进学生在自主学习中形成科学对待事物的态度,锻炼综合运用知识、实践动手、解决问题的能力等,这恰恰就是劳动教育所需要去实现的。劳动教育的过程,就是指导学生进行研究性学习的过程。在劳动教育课程中加入研究性学习,更有利于劳动教育目标的实现与深化。①

现在的社会是一个需要创新的社会,也是一个需要专业技术人才的社会。如何将不断发展的新知识变为现实,如何实现技术的突破,就需要不断进行创新。劳动与技术教育要想突破传统,真正为国家的发展培养出专业人才,就不得不进行创新,创新的一种途径就是采用研究性的学习方式。研究性学习势必会成为劳动的重要内容,并且研究性学习与劳动教育相结合势必会成为一种发展趋势。只有两者紧密结合,才能够促进劳动教育的发展,也才能提高民族整体技术创新能力,培养出大批具有技术创新意识和能力的各行各业、各级各类创新技术专家、技术工匠和技术精英,从而实现中华民族伟大复兴的中国梦。

---

① 罗英锡.让研究性学习渗透于劳技教育之中[J].现代特殊教育,2004(8):25—26.

第二章　新中国成立七十年来我国劳动教育的沿革发展

1949年10月1日,历史翻开了崭新的一页,我们伟大的中华人民共和国诞生了。自中华人民共和国成立以来,劳动教育走过了70多年的发展历程,随着生产力的不断发展,"劳动"的内涵也在不断地丰富和发展,劳动教育的内容和形式也是在不断地创新和完善。纵观劳动教育的发展历程,大致可以将其分为三个主要阶段:体力劳动的劳动生产教育期、手脑并用的思想教育和劳动技术教育并举期、综合素质的社会实践教育期。在其发展的每个阶段当中都有其特定的历史发展背景,并受到政治制度、经济基础和文化教育等各方面因素的影响,劳动教育的每一个阶段都被烙上了属于自己特殊历史时期的时代烙印。

政治是上层建筑,经济是下层基础。在一定的历史时期,政治制度和经济基础会在一定程度制约着文化和教育的建设与发展,与之相反,文化与教育也会对政治制度和经济基础产生影响。政治制度、经济基础、文化方针、教育政策是紧密相连,相辅相成的,回顾劳动教育的发展历程离不开其中任何一个方面的探索和研究。[①] 劳动教育是我国教育事业的重要组成部分,它贯穿着教育体系的发展历程,随着政治制度、经济制度以及文化教育政策的转变而转变。

劳动是个人生活的基础,是社会发展的主要动力,当代中国创造

---

① 丁文杰.1949—1989年劳动教育的演变历程及特征[D].太原:山西师范大学(硕士),2015:5.

美好生活,实现中国梦离不开全国各族人民的辛勤劳动。无论是对个人还是对社会,劳动都有着非常重要的意义。但是当今社会仍然存在着漠视甚至是蔑视劳动的例子,在全社会形成尊重劳动的氛围是劳动教育的目标。本章节主要是对我国劳动教育的沿革发展进行梳理,通过对劳动教育发展的历史演变进行归纳,深入分析劳动教育的时代内涵和成就影响。回顾劳动教育在不同阶段的发展历程,汲取劳动教育发展历程中的优秀成果,取其精华,结合当下社会发展的实际情况,为当代中国劳动教育的进一步发展提供依据和借鉴。

第一节　凸显体力劳动:劳动生产
教育期(1949—1979 年)

　　新中国成立初期,面对百业待兴的局面,轰轰烈烈的社会主义革命和社会主义建设急需大量有文化的劳动者,党和政府高度重视文化教育方面的问题,制定了"为工农服务,为生产建设服务"的工作方针。在这一时期中,劳动教育主要是通过与生产相结合的形式来进行,这与当时特定的历史背景有着密切的关系。

　　政治上,新中国成立初期,面对不稳定的国内外新形势,中国共产党的政治路线是适时调整适应当时社会发展。直到 1952 年底,国民经济基本恢复,并取得了一定的阶段性成果,土地改革的任务也基本完成。社会主义过渡时期总路线的顺利完成,标志着社会主义制度在我国的建立。1956 年 9 月,中国共产党第八次全国代表大会的召开,指出我们国内的主要矛盾"已经是人民对于建立先进的工业国的要求同落后的农业国的现实之间的矛盾"。[①] 1958 年,八大二次会议通过"鼓足干劲、力争上游、多快好省地建设社会主义"的总路线,

---

　　① 李颖. 在全国政协礼堂召开的中共八大[N]. 人民政协报,2018－06－28(3).

这个时期由于过分夸大人的主观能动性①，对经济规律的忽略造成了对社会生产的严重破坏，当时的社会发展基本处于混乱状态，此后虽然对政策进行调整和改进但并未在根本上扭转当时的局面。"文革"的不断深入，严重阻碍了经济社会的进一步发展，给社会主义建设带来了严重的影响。从国民经济的恢复到"文革"的不断深入，我国社会主义建设过程中，政治路线的不断调整对于文化教育事业产生了重要的影响。这个时期忽视客观经济规律，盲目夸大个人主观能动性，社会生产遭到严重破坏，国民对于劳动价值的过高预期从另一方面也反映了正确劳动教育的重要性。

为促进经济建设，我国开展了第一个五年计划以及提出过渡时期总路线，国家开始逐步对农业、手工业、资本主义工商业进行社会主义改造，到 1956 年 12 月，我国基本完成了社会主义改造，逐渐形成了以公有制为主体的社会主义基本经济制度。② 国家积极推行社会主义基本经济制度，促进了生产力的大力发展，生产资料的公有制激发了广大劳动者的生产积极性，让广大劳动人民投身于社会主义经济建设当中。但是，随着"左"倾错误的影响，"大跃进"、人民公社等运动深入发展，整个国家处于一种盲目夸大人的劳动创造性的境况中，这些都是对客观经济规律的忽视，使经济社会发展停滞不前，阻碍了生产力的发展，国民经济受到严重影响。随着"文化大革命"的深入，我国经济发展受到严重阻碍，那个时期的中国经济处于严重的停滞状态，经济基础受到严重破坏。在新中国成立后到"文革"这段时期，我国的经济政策也是在不断调整之中，从社会主义改造开始到社会主义经济制度的建立，社会经济水平处在上升态势，生产力的

---

① 李景. 唯一的中共八大二次会议[J]. 文史精华, 2014(3): 4—9.
② 孙建. 中华人民共和国经济史(1949—90 年代初)[M]. 北京: 中国人民大学出版社, 1992: 34.

发展也极大地促进了国民对于劳动生产教育的渴望,成为一名合格的社会主义建设者是那个时期人民的一种美好期待。但随着错误的经济方针的执行,忽视了客观经济规律对社会生产产生了巨大的影响,使得国民经济水平处在低速增长甚至出现了停滞的状态。

文化上,随着 1949 年中国人民政治协商会议的顺利召开,大会通过的《中国人民政治协商会议共同纲领》在国家层面要求普及国民教育,加强中等教育和高等教育,特别提到了要注重技术教育,加强对劳动者的业余教育。① 可以看出,党和国家重视并尊重劳动,并逐步发展劳动教育,促进劳动者的生产素质提升。然而,由于受"文化大革命"的影响,这一时期的文化教育受到严重的影响,整个教育事业几乎处于一种停滞状态,1949 年后在文化教育事业上取得的成就遭到了毁灭性的破坏。

一、劳动生产教育探索阶段:1949—1956 年

我国劳动生产教育探索阶段,是以新中国成立和 1956 年所颁布的《关于高校和初中毕业生从事劳动生产的宣传提纲》为分界线。这一阶段中,主要是效仿苏联的做法以及制定劳动教育的相关条例和规范劳动教育的发展方向。劳动教育作为马克思主义教育与生产劳动教育相结合的一种途径,其目的不仅在于促进教育与生产相结合,而且还旨在培养学生的劳动能力和劳动技巧,为社会主义革命和社会主义建设培养合格的劳动者。② 在特殊时期,比如社会主义改造时期、"大跃进"时期,劳动生产教育在促进社会经济发展上起到了重要的作用。在这一阶段中主要是借鉴苏联的劳动教育观念,在教育与生产相结合的马克思主义教育理论的指导下,对劳动教育进行尝试

---

① 刘向兵.新时代高校劳动教育论纲[M].北京:社会科学文献出版社,2019:12.

② 徐海娇.危机与重构:劳动教育价值研究[M].北京:中国社会科学出版社,2020:90—91.

与探索。①

新中国初期,我国国内局势基本稳定,人民民主专政的社会主义国家刚刚建立,人民开始当家作主。党和国家也在积极完善各项民主制度,充分保障人民的各项权利,其中人民接受教育的权利也是神圣不可侵犯的。党和政府高度重视文化教育方面的问题,制定了"为工农服务,为生产建设服务"的工作方针。在经历过抗日战争、解放战争后,国内经济发展基本处于半停滞的状态。新中国成立后,百废待兴,亟待发展经济提升人民生活水平。为此,我国将重点放在工业生产上,引进了一大批先进的科学技术和机器设备进行工业生产,这就需要一大批参与生产实践的社会主义劳动者。

党和国家依据苏联社会主义的经验和我国社会主义发展的实际情况,制定了一系列关于教育要为社会主义经济建设服务的措施,特别是"教育应着重为工农服务,吸收大批工农干部及工农青年入学,培养工农知识分子干部"。② 这也是这一时期劳动生产教育的显著特点,教育为工农服务,为社会主义建设服务。

1954 年国家颁布了《关于高校和初中毕业生从事劳动生产的宣传提纲》,进一步明确了劳动生产在教育中的地位,学校的大门向所有人敞开,对全体学生进行爱祖国、爱人民、爱劳动、爱科学、爱护公共财物的教育③。1955 年教育部颁发了《小学教学计划》,其中明确增设手工劳动课。手工劳动课密切联系了生产实际,通过使学生掌握简单生产技能的活动,参观工农业生产以及适当组织园艺活动,使

---

①　陈彤彤. 建国以来劳动教育的历史演变与反思[D]. 海口:海南师范大学(硕士),2012:9.

②　舒斯林. 儒学基本常识[M]. 西安:陕西师范大学出版社,2012:72.

③　徐长发. 我国劳动技术教育的发展[J]. 教育研究. 2004(12):11—16.

学生充分了解生产原理,培养技能技巧从而达到全面发展的目的。[①]

　　劳动教育在这一时期正处于探索阶段。这一阶段的劳动教育与生产教育紧密联系在一起,是在国家大力发展经济建设的背景下如火如荼地开展起来的。劳动教育在学校里通过开展劳动生产教育课程,普及了劳动知识和劳动技能,使学生掌握基本的生产生活技能;"为工农服务,为生产建设服务"的工作方针的提出,使得劳动生产教育为当时社会主义建设提供了人才和技术的支持,服务了当时社会经济的发展;教育与劳动生产相结合,劳动教育提升到了一个新的高度,推动了劳动教育的进一步发展。

　　但是在劳动教育实际的开展中仍然存在一定的问题,劳动生产教育主要是效仿苏联劳动教育模式,让学生通过参加农业生产、工业生产等生产建设活动来获得劳动知识和劳动技能。但是劳动生产教育在这一时期缺乏长期的计划性,呈现出零星散落的特点,认识到了劳动教育的重要性但是缺乏合理的安排导致部分课程存在流于形式的情况。在劳动生产教育探索阶段,虽然劳动教育在实际开展方面存在不足,但是其在劳动教育的发展历程中的作用却是不可忽视的,它开启了劳动教育新的序幕,促进了建国初期的社会主义建设。

二、劳动生产教育发展阶段:1957—1966 年

　　劳动生产教育发展阶段,在经历了探索阶段之后,劳动生产教育在这个阶段取得了较为长足的发展,也呈现出高涨的态势。"1958年3月8日,教育部在《关于 1958—1959 学年度中学教学计划的通知》中规定:初高中各年级增设生产劳动课,每周 2 小时;学生参加体力劳动的时间每学年为 14 天到 28 天。随着教学计划的贯彻执

---

　　① 教育大辞典编纂委员会. 教育大辞典(第 1 卷)[M]. 上海:上海教育出版社,1990: 57.

行,各地中小学校都把生产劳动列为正式课程。"①从此以后,劳动技术教育开始正式纳入基础教育课程。

　　劳动生产教育取得长足发展与这一时期的政治、经济以及文化等背景有着密切的关系。1956 年 9 月中国共产党第八次全国代表大会的召开,正确分析了国内形势和国内主要矛盾,指出"我们国内的主要矛盾,是人民对于建立先进的工业国的要求同落后的农业国的现实之间的矛盾,是人民对于经济文化迅速发展的需要同当前经济文化不能满足人民需要的状况之间的矛盾"。这一矛盾的实质是先进的社会主义制度同落后的社会生产力之间的矛盾,党和全国人民当前的主要任务,就是要集中力量来解决这个矛盾,把我国尽快地从落后的农业国变成先进的工业国。② 中共八大在充分认识到我国当前局势的基础上,分析了当前国内的主要矛盾。可以看出,社会主义经济建设仍然是党和人民的重要任务,这一阶段对于劳动者的需求有增无减,客观上促进了劳动教育的发展。

　　1956 年 12 月,我国基本完成了社会主义改造,基本形成了以公有制为主体的社会主义基本经济制度。这一时期我国经济实力较建国初期有了较大的提升,经济基础决定上层建筑,经济的发展同时也促进了教育的发展。1957 年,毛泽东同志在最高国务会议讲话中指出:"我们的教育方针,应当使受教育者在德育、智育、体育几方面都得到发展,成为有社会主义觉悟的有文化的劳动者。"③1958 年中共中央国务院进一步提出了"教育为无产阶级政治服务,教育与生产劳动相结合的方针"。从此,实施教育与生产劳动相结合是党和国家教育方针的重要组成部分。1958 年 12 月,陆定一发表《教育必须与生

　　①　卓晴君,李仲汉著.中小学教育史[M].海口:海南出版社,2000:348.

　　②　李颖.在全国政协礼堂召开的中共八大[N].人民政协报,2018-06-28(3).

　　③　中央教育科学研究所.中华人民共和国教育大事记(1949—1982)[M].北京:教育科学出版社,1984:190.

产劳动相结合》的文章,至此,以教育与生产劳动相结合为中心指导思想的劳动教育全面展开。[①]

这一时期劳动生产教育取得了长足的发展,在社会主义经济建设中起到了很好的辅助作用,继续为社会主义建设贡献力量。劳教结合是马克思列宁主义关于劳动教育的重要理论,劳动生产教育在这一时期呈现出良好的发展态势,也为这一时期培养社会主义建设劳动者指明了教育方向。

三、劳动生产教育停滞阶段:1966—1976 年

劳动教育作为我国教育政策的重要组成部分,随着我国的政治政策、经济政策、文化政策等相关政策和制度的改变而作出相应的调整。劳动教育在经历 60 年代初期的蓬勃发展,到 60 年代中期,随着政治、经济政策的调整而作出了相应的调整,但在 1966 年以后教育战线受到"文化大革命"的严重冲击,基本劳动生产教育也被迫停止。在整个"文革"期间,劳动生产教育所呈现出的都是思想政治教育的特点,这也是与当时的时代背景息息相关。

在当时随着"以阶级斗争为纲"的思想不断渗透到各个领域,伴随着"左"倾错误愈演愈烈,"文化大革命"随之而来。十年"文革"带来的是经济上的停滞和衰退,国民经济水平呈现出倒退的态势,人民的物质生活水平未能得到提升;在政治上,宪法和其他法律遭到无视,出现了一大批冤假错案;在文化上,"破四旧"、高校许多专业停办等现象造成文化系统的瘫痪,特别是整个教育界受到了"文革"的强烈冲击,劳动教育作为当时教育领域的重要组成部分也是受到重大打击。从当时的情况来看,过分夸大劳动教育的作用,忽视客观发展

---

①　何东昌.中华人民共和国重要教育文献(1949—1975)[M].海口:海南出版社,1998:50—51.

规律,导致该时期的劳动生产教育在整个劳动生产教育的发展过程中基本处于停滞阶段。因为在整个"文革"过程中,劳动生产教育并没有真正地得到发展,而是作为一种政治工具来对所谓的"走资派"进行劳动改造,这一阶段劳动教育呈现出思想政治教育的特点。

当然不可否认,这一阶段中国民的劳动积极性显著提高,毛主席呼吁知识青年上山下乡接受贫下中农再教育,这种通过劳动的途径帮助国民获取了一定劳动知识和劳动技能,很好地激发了国民的劳动积极性。但是我们也看到这种带有政治色彩的劳动教育在当时代替正规的学校教育所呈现出的问题,其忽视了科学文化知识的重要性,严重阻碍了我国教育事业的发展,教育事业受到了空前的打击。这一阶段中,教育的功能被严重歪曲了,教育被归属到政治的范畴,成为阶级斗争的工具。而劳动教育承担的是培养具有完全意义的无产阶级政治思想的角色的任务。同时,劳动教育的作用被无限放大,学校教育的作用完全被忽视,学校也在阶级斗争中逐渐丧失教育的功能。[1]

从整个"文革"时期劳动生产教育的发展历史来看,我们需要用马克思主义唯物辩证法和历史唯物主义来进行分析和评价。在这一阶段中,劳动生产教育带有浓厚的政治教育的色彩,教育的目的更多的是为政治服务,从而忽视劳动教育本身的发展和作用。但是我们同时也看到这一阶段中劳动生产教育在为国家解决相关的就业问题,激发劳动积极性等方面作出的贡献。

纵观新中国成立以来的这一历史阶段,我们在贯彻教育与生产劳动相结合的过程中,取得的成绩和获得的经验是主要的,它帮助国家有效解决就业问题,促进了经济社会的协调发展,更好地通过教育促进了人的发展,为社会主义革命和社会主义建设培养了大批合格

---

[1]　丁文杰. 1949—1989 年:劳动教育的演变历程及特征[D]. 临汾:山西师范大学,2015:26.

的劳动者。同时,在结合中国实际,坚持马克思主义教育与生产劳动相结合的基本原理方面积累了丰富的经验。

第二节　注重手脑并用:思想教育和劳动教育并举期(1977—1998 年)

在经历"文化大革命"之后,我国劳动教育进入了第二个发展时期。这一时期主要特征是手脑并用,中小学进入了思想教育和劳动教育并举发展时期。这一时期以 1978 年教育部颁布的《〈关于试行全日制中学暂行工作条例(试行草案)〉〈关于试行全日制小学暂行工作条例(试行草案)〉》作为开始的标志。[①] 其中明确规定在全日制中学设置劳动课程,劳动教育的学科地位被进一步地提升,此外在思想品德教育中明确提出了热爱劳动的内容,劳动教育开始成为思想教育的一部分。[②] 党的十一届三中全会的召开,不仅解放了人们的思想,也给中华大地带来了改革的春风;政治上拨乱反正,马克思主义的思想路线重新确立;经济上大力发展社会生产力,重新确立了以经济建设为中心的方针;在文化教育上,大力发展教育,不断解放人们思想。劳动教育也迎来了改革的春天。

一、重新恢复劳动教育阶段:1979—1986 年

党的十一届三中全会重新确立了马克思主义的思想路线,坚持实践是检验真理的唯一标准,开创了把党的工作重点转移到社会主义现代化建设上来的新进程。社会主义现代化建设的进程中需要一大批合格的社会主义建设者,这为教育的发展提供了良好的契机。

---

① 赵海侠,郭婧萱.教育管理学[M].成都:电子科技大学出版社,2017:67.
② 陈静,黄忠敬.从"体力教育"到"能力教育"——我国劳动教育政策的发展与变迁.中国德育,2015(16):33—38.

教育的最终目的是提升个人素质，为社会主义现代化建设培养合格的接班人和建设者。我国改革开放的总设计师邓小平高度重视教育的问题，他在全国教育工作会议上指出：马克思、恩格斯、列宁和毛泽东同志都非常重视教育与生产劳动的结合，认为在资本主义社会里这是改造社会的最强有力的手段之一；在无产阶级取得政权后，这是培养理论与实际结合、学用一致、全面发展的新人的根本途径，是逐步消灭脑力劳动与体力劳动差别的重要措施①；同时强调指出：整个教育事业必须同国民经济发展的要求相适应。如何在未来培养社会主义建设需要的合格人才，我们必须认真研究在新的条件下，如何更好地贯彻教育与生产劳动相结合的方针。②

随着党的十一届三中全会的召开，国内政治、经济以及教育等领域迎来了新的发展春天，高考制度得以恢复，学校教育也恢复正常。党和国家认识到了在新形势下劳动教育仍然具有重要作用，需要重新恢复劳动教育。在总结正反两方面经验的基础上，从提高全民族的素质，培养社会主义建设需要的合格人才的需求出发，劳动教育被重新提到日程上来。1981 年教育部颁发《全日制六年制重点中学教学计划（试行草案）》和《全日制五年制中学教学计划（试行草案）的修订意见》，提出开设劳动教育课，课程的宗旨在于培养学生的劳动观点、劳动习惯和热爱劳动人民的感情，培养学生初步掌握一些生产劳动或通用劳动基础知识和基本技能。③

从此，全国重新掀起了劳动教育的学习热潮，在这一阶段中劳动教育得以重新恢复，为社会主义现代化建设起到了良好的辅助作用，也培养了一大批合格的现代化劳动者，进一步促进了我国社会经济

---

　　① 邓小平.邓小平文选（第 2 卷）[M].北京：人民出版社，1994：107.

　　② 夏禹龙等.论智力开发[M].北京：光明日报出版社，1988：15.

　　③ 《中国教育年鉴》编辑部.中国教育年鉴[M].北京：中国大百科全书出版社，1984：157.

的发展。

二、劳动教育新的起步阶段：1986—1990 年

党的十一届三中全会召开后，经济建设成了我国社会主义建设的重心，教育事业也进入一个崭新的时期，这一时期劳动教育得到了较快的恢复和发展。1986 年以后，依据教育部门各学段劳动技术课教学大纲，各地中小学相继开展了劳动课或劳动技术课，这是新时期劳动教育新的起步。

随着改革开放的深入，我国经济社会得到快速发展，这为教育的发展奠定了坚实的物质基础，这一时期我国教育事业得到蓬勃发展。劳动教育乘着改革的春风也迎来了新的起步。改革开放后，我国政治稳定，党和国家带领我们走上了社会主义现代化建设的道路。作为我国教育事业的重要组成部分，劳动教育会伴随政治制度、经济制度、文化教育方针和政策等因素的变化而发生转变，劳动教育在这一时期逐步分化成劳动思想教育和劳动技术教育两大部分。劳动教育的内涵逐渐得到丰富和外延，逐步注重帮助学生树立正确的劳动思想和掌握基本的劳动技术。

这一时期，劳动教育在课程设置上主要是开设了思想品德课、劳动课和劳动技术课。劳动教育不再是之前的单纯地教授劳动生产技术，而是采用理论与实践相结合的形式，帮助学生更好地学习有关劳动方面的知识和技能。1986 年颁布的《全日制小学思想品德课教学大纲》中明确指出：要对学生进行热爱劳动、艰苦奋斗的教育，并逐步培养勤劳节俭以及自己管理自己的生活和帮助家庭、别人、公众的能力。[①] 与此同时，相关教育政策规定在中小学设置劳动课和劳动技

---

① 国家教育委员会.全日制小学思想品德课教学大纲[M].北京：人民教育出版社，1986：2.

术课,对于课程内容和课程的时间等都作出了明确的规定。这样,在这个时期中,劳动教育形成了思想品德教育、劳动课和劳动技术课三位一体的多方面教学安排。在这一时期中,劳动教育注重帮助学生树立正确的劳动思想和掌握基本的劳动技术。20世纪80年代,我国开始在中小学开设思想品德课程,在颁布的《中学生守则》和《小学生守则》中注意使学生加强热爱祖国、热爱人民、热爱中国共产党的教育;加强劳动教育,使学生养成劳动习惯,爱惜劳动成果;后又出台了一系列有关劳动教育的德育政策,如《全日制小学劳动大纲(试行草案)》(1987)、《关于改革和加强中小学德育工作的通知》(1988)、《关于进一步加强中小学德育工作的几点意见》(1990)。[①] 这些政策的出台强调了劳动教育与思想品德教育的密切联系,一方面通过思想品德教育培养学生热爱劳动的观念,另一方面要把劳动教育作为思想品德教育的重要手段,在劳动中培养学生吃苦耐劳、艰苦奋斗等精神品质。

　　20世纪80年代,劳动技术教育在经历了"文革"的停滞发展得到重新恢复后,80年代中期开始,劳动教育迎来了新的起步阶段,走上了正确的发展道路。这一时期劳动教育与生产的联系开始减弱,劳动教育不再只关注日常的劳动生产,更多的是帮助学生树立正确的劳动思想和培养基本的劳动技能。在正确的劳动思想指导下,劳动教育的理论与实践相结合,帮助学生更好地成长和发展。

三、形成较完整的学科体系阶段:1991—1998年

　　劳动教育在经历了80年代的重新恢复和新的起步两个时期后,在各方面都得到了一定的发展。90年代也是我国经济、政治等各方

---

　　① 陈静,黄忠敬.从体力教育到能力教育——我国劳动教育政策的发展与变迁[J].中国德育,2015(16):33—38.

面发展最重要的时期之一。随着社会主义经济体制改革的深入推进，社会主义市场经济体制逐步建立起来，我国经济社会发展达到飞快发展阶段。政治上，各项法律法规的不断建立健全，为社会主义现代化建设保驾护航，促进了我国政治社会的稳定发展。

1992 年邓小平同志"南方讲话"揭开了我国特色社会主义建设新篇章，推动改革向纵深发展，教育领域的改革也不断深入。中共中央、国务院 1993 年颁布了《中国教育改革和发展纲要》，在总结我国发展社会主义教育事业经验时，把"必须坚持教育为社会主义现代化建设服务，与生产劳动相结合，自觉地服从和服务于经济建设这个中心，促进社会的全面进步"作为建设有中国特色的社会主义教育体系的主要原则之一。① 还提出："中小学由'应试教育'转向全面提高国民素质的轨道，面向全体学生，全面提高学生的思想道德、文化科学、劳动技能和身体心理素质，促进学生生动活泼地发展，办出各自特色。"②这强调了素质教育的四大要素，对于劳动技能教育给予了充分的重视。这标志着我国教育界对劳动技术教育的地位和作用的认识上了一个新的台阶。③ 1994 年 6 月，党中央、国务院在北京召开了改革开放以来的第二次全国教育工作会议，江泽民同志特别讲了关于坚持教育与生产劳动相结合的重要性，指出"学生适当参加一些物质生产劳动，应成为一门必修课，不是可有可无"。④

这一时期，劳动教育在国家层面尤为重视，劳动教育得到了较快的发展。20 世纪 90 年代，国家教委明确了小学劳动课和中学劳技课为学科类课程。这两类课程是国家规定的必修课，在政策中规定了

---

① 中共中央，国务院. 中国教育改革和发展纲要，1993 - 02 - 13.

② 何东昌. 中华人民共和国重要教育文献(1949—1975)[M]. 海口：海南出版社，1998：67—68.

③ 徐长发. 我国劳动技术教育的发展[J]. 教育研究，2004(12)：13.

④ 教育部政策研究与法制建设司. 现行教育法规与政策选编[M]. 北京：教育科学出版社，2002：381.

课程的育人目标、教学内容及实施原则,确定了中小学劳动技术课程比较完整的学科体系,使中小学劳动技术课的课堂教学、教研活动逐步走向科学化、制度化。各项方针政策的制定带动了师资教材的丰富、校内外实践基地的建设、工具材料和仪器装备的升级。劳动教育在这一时期形成了较为完整的学科体系。国家出台的一系列政策,使得劳动教育学科和相关课程已经在基础教育领域中得到确立,大大推动了劳动教育的稳步发展。

随着完善的劳动教育学科体系的建立,劳动教育的发展在新世纪到来之前已初具规模,在基础教育中得到广大师生的认可,同时在基础教育中也扮演着重要的角色,为社会主义现代化建设培养合格的建设者,帮助学生更好树立正确的劳动思想观念,掌握基础的劳动生产技能,做合格的社会主义事业接班人。[①]

第三节   提升综合素质:劳动实践
教育期(1999 年至今)

进入 21 世纪,面对激烈的国际竞争和我国经济、社会和科技的飞速发展,国家建设对高质量人才的需求日渐突出。因此,劳动教育必须把握时代的脉搏,作出相应的调整。在党的十六大上,江泽民同志代表党中央在报告中对教育方针提出了新的表述:教育为社会主义现代化建设服务,为人民服务,与生产劳动和社会实践相结合,培养德智体美全面发展的社会主义建设者和接班人。[②] 同时提出了要尊重劳动、尊重知识、尊重人才、尊重创造。从"四个尊重"中可以看出,党和国家领导人在阐述劳动的重要性时,把尊重劳动放在第一

① 刘丽. 当前如何加强高校思政课教学的实效性[J]. 当代教育实践与教学研究, 2016(7):171.

② 刘向兵. 新时代高校劳动教育论纲[M]. 北京:社会科学文献出版社,2020:25.

位,这是一种历史的接续。从毛泽东同志开始,我国领导人就充分认识到劳动的重要性。在进入 21 世纪后,劳动教育又有了新的内涵、新的任务和新的目标。生产力的迅速发展也给劳动教育提出新的要求,开展国民劳动教育也面临新的机遇与挑战。随着经济社会的发展,我国中小学劳动教育开始进入社会实践教育期,这一时期,注重培养学生的综合素质开始成为劳动教育的重要组成部分。

一、劳动教育成为素质教育的重要组成部分

党和国家结合当时国内外新形势,适时地对教育政策进行调整,以适应社会经济的发展。中共中央、国务院在 1993 年发布的《中国教育改革和发展纲要》中重申：要认真贯彻"教育必须为社会主义现代化建设服务,必须与生产劳动相结合,培养德、智、体全面发展的建设者和接班人"[①]的方针。1999 年,中共中央、国务院发布的《关于深化教育改革全面推进素质教育的决定》明确指出：实施素质教育,必须把德育、智育、体育、美育有机地统一在教育活动的各个环节中,学校教育不仅要抓智育,更要重视德育,还要加强体育、美育、劳动教育和社会实践,使诸方面教育相互渗透,协调发展,促进学生的全面发展和健康成长。[②]

实施素质教育,最终目的在于促进学生的全面发展和健康成长,这就需要把德育、智育、体育、美育有机地统一起来,注重培养学生的实践动手能力。这是在新时期教育适应社会经济发展作出的相应改变,赋予教育时代的内涵,使其更好地促进社会经济的发展。这一阶段劳动教育成为素质教育的重要组成部分,注重在劳动教育中提升学生的技术素养,从而提升综合素质。劳动教育在这一阶段的发展

---

① 徐海娇.危机与重构：劳动教育价值研究[M].北京：中国社会科学出版社,2020：116.

② 教育部.中共中央国务院关于深化教育改革,全面推进素质教育的决定,2017.

中,注重与社会实践相结合,这种理论与实践相结合的方式,让学生在劳动教育的课堂上得到了充分的锻炼。这一阶段中的劳动与技术教育课主要培养学生热爱劳动、尊重劳动的观念和劳动技能;获得积极劳动体验、获得良好技术素养,促进多方面共同发展;了解必要的通用技术和职业分工,形成初步技术意识和技术实践能力。①

这一阶段,劳动教育注重培养学生的创新精神和实践动手能力,强调劳动教育与德育、智育、体育、美育合力育人作用的发挥,强调共同促进学生的全面和谐发展的育人目标。在德智体美当中,虽然也有劳但不能代替劳,劳里面也有德智体美,追求的是学生的全面的综合素质的发展,可见劳动教育在实施全面素质教育中扮演了重要的角色,是其中不可或缺的重要组成部分。此外,这一阶段坚持思想理论教育与社会实践紧密结合在一起,通过深入开展社会实践活动来加强学生的思想政治教育,社会实践逐渐成为劳动教育实施和提升劳动素养的重要途径和重要方式。②

实施劳动教育的过程,既是素质教育的重要战略步骤,同时也是学生社会化的过程,它有力地推动了我国教育事业的进一步发展,促进经济社会的协调发展,为新时期社会主义现代化建设培养了一大批有能力、有素养的劳动者,成为提升国家综合国力的有力助推器。③

二、学科定位和教学内容进一步明确

当今世界,随着高新技术的迅猛发展,技术教育引起人们的普遍关注,成为与科学教育具有同等重要地位的教育门类。正如联合国教科文组织教育发展委员会在《学会生存》的报告中指出,懂得技术

---

① 陈静,黄忠敬. 从体力教育到能力教育——我国劳动教育政策的发展与变迁[J].中国德育,2015(16):33—38.

② 教育部. 基础教育课程改革纲要(试行),2001‐06‐08.

③ 邓芳. 发展劳动技术教育的意义和途径[J]. 科学教育,2012(6):18.

在当今世界是十分重要的,而且必须成为基础教育的一部分。^① 根据我国建设创新型国家对人才的要求以及九年义务教育和高中教育的总目标,我国目前已经初步建立起一套劳动教育教学目标体系,确立了相应劳动技术教学内容,形成了多样化的劳动技术教育教学模式,在培养创新型国家适用的人才方面发挥了重要作用。

2006 年,胡锦涛同志提出要引导广大干部群众特别是青少年树立八荣八耻的社会主义荣辱观,其中明确提出:以辛勤劳动为荣,以好逸恶劳为耻,以艰苦奋斗为荣,以骄奢淫逸为耻,这是新时期主流价值观和道德建设的标尺。^② 在基础教育阶段,只有通过经常性的、卓有成效的劳动教育才能使广大的青少年树立起荣辱观。为此,广大教育工作者在实践工作中努力开拓视野,不断关注、吸纳和提升现实生活中的创新成果,引进新的教育理念和课程观念,改进教学模式和教学内容,从而构建起富有中国特色的劳动教育体系。许多地区的中小学校与德国、美国、加拿大、日本、澳大利亚等国家和地区在劳动教育方面建立良好的合作和交流关系。通过国际比较和交流,广大教师深切体会到:教育与生产劳动相结合是国际教育的发展现状和趋势。我国教育方针中的教育必须与生产劳动相结合是实现我国社会主义学校的培养目标的重要途径,这一方针不仅需要进一步加强,而且必须持之以恒地贯彻下去。

新的课程改革为劳动教育的发展提供了机遇,在开展劳动教育的进程中,广大教育工作者进一步探索出了以劳动技术教育为主要载体,与研究性学习相结合,融合信息技术,整合社区服务与社会实践资源的劳动教育路径。在教学内容上,增加了提升学生的技术素

---

① 联合国教科文组织国际教育发展委员会.学会生存——教育世界的今天和明天[M].教育科学出版社,1996:48.

② 王明钦,刘英钦.新中国成立后中国共产党劳动教育思想的脉络梳理与体系建构[J].河南大学学报(社会科学版),2021(9):136—143.

养和培养学生设计能力的内容,使学生能结合自己的生活实践,拓展劳动与技术学习的视野,形成一定的与技术相联系的经济意识、质量意识、环保意识、安全意识、伦理意识、审美意识以及为当地经济建设服务的意识,使学生的综合实践能力得到有效锻炼,取得明显提高。[①]

实践说明,开展劳动教育对学生来讲是学会生存的起点教育,是学会做人的起点教育,是顺利走向社会的起点教育;对国家来讲,是发展我国科学技术教育的起点教育,是提高我国人力资源质量和提升人力资本价值的重要战略选择。

三、完善和加强劳动教育教学的保障体系

随着技术教育的不断深入发展,劳动教育逐步形成以技术学习为基础的课程体系。在课程中,通过动手实践、学会设计、参与劳动提高学生的基本劳动技术素养,发展学生的创新精神和实践能力,逐步成为中小学劳动技术教育的课程理念和课程总目标。[②] 其中会动手主要指技术、技能和动手实践的能力;能设计主要指通过技术知识的学习,形成设计思路,同时获得制作和加工的策略和方法,提高创新能力;爱劳动主要指对劳动、技术的情感态度和意识方面的养成。

党和国家通过不断完善和加强劳动技术教学的保障体系建设,促进我国劳动教育健康发展。目前,全国初步形成一支由专职教师和稳定的兼职教师组成的劳技教学师资队伍,而且涌现出一大批骨干教师、教学能手、特级教师和学科带头人。许多学校劳技中心或实践基地建立了劳动技术课专用教室,配备了必要的教学装备,其现代化水平和劳动技术教学质量有了明显提高。一批企业努力研发教学设备和学具,有力地推动了我国中小学劳动技术教学的改革和发展。

---

① 教育部. 基础教育课程改革纲要(试行),2017.

② 谢翌,马云鹏,张治平. 新中国真的发生了八次课程改革吗?[J]. 教育研究,2013
(2):125—132.

在国家三级课程管理理念的指导下,各地结合经济发展和学校特点,积极探索开发了一批地方劳技教材,极大地丰富了劳动技术教学的内容,特别是在农村地区结合当地社会经济特点编写的劳技教材,为农村培养了大批实用人才。

在国家课程改革以及劳动技术教育的创新实践过程中,科学研究一直发挥着重要的引领作用。劳动教育方面的科研课题在中小学劳动技术教育的理论研究和实践探索方面取得了突破性的成果,这些成果在教育决策方面,在探索适合我国国情的劳动技术教育教学方面以及提高劳动技术教育质量等方面都作出了突出的贡献,有力地推动了劳动教育的可持续发展,促进了劳动教育学科的规范化、科学化建设。经过多年的实践与探索,中小学劳动技术教育理论体系已经基本形成,构建了一个比较系统、比较科学的理论框架。广大的劳动技术教育研究者和教育者在积极开展本土化研究与实践的基础上,吸纳国外先进教育理念,不断提高我国劳动技术教育的水平和质量。

促进人的全面发展,不仅是劳动教育实施的出发点,也是劳动教育的最终目标,让学生通过亲身参与,获得劳动实践活动的积极体验,形成良好的劳动素养。开展劳动技术教育也是实施全面素质教育的重要途径和有力载体,它的发展程度也决定着我国未来人才的综合素质。我们必须完善和加强劳动技术教学的保障体系建设,促进我国劳动技术教育健康蓬勃发展,使其更好地为社会主义事业服务。

第三章　新时代劳动教育的时代价值与德育价值

在当今愈发重视学生德智体美劳全面发展的时代,培养学生身心健康和健全人格已成为素质教育的重要内容。而新时代劳动教育在学生全面发展的培养过程中更有着特殊的重要性。因此,将劳动作为教育资源进行审视与利用,认清新时代劳动教育的基本特征,挖掘新时代劳动教育的时代价值及其对学生思想品德教育方面的重要作用,具有重要的现实意义。

第一节　新时代劳动教育的基本特征

新时代劳动教育是一种通过自我劳动教育、家庭劳动教育、学校劳动教育、社会劳动教育等方式,对学生进行劳动观方面的影响,并辅助开展劳动实践的活动,旨在通过培养学生的基本劳动技能和习惯,让学生树立正确的劳动观念和劳动态度,尊重劳动、珍惜劳动成果,自觉劳动和热爱劳动人民,使其能够具有创新的劳动意识,具备"吃苦耐劳、艰苦奋斗、勤俭节约、自立自强"的劳动精神和品质,最终促进受教育者的全面发展,为社会主义建设培养具有良好品行、综合素质过硬、全面发展的新型劳动者。① 新时代劳动教育在劳动教育原有内涵的基础上已经不拘泥于一些具体或简单的劳动形式,更加强调学生劳动的技术性,更加关注对创新意识的培育、对劳动价值的追

---

① 徐长发. 劳动教育是人生第一教育[J]. 中国教育报,2015(05).

求,倡导通过劳动教育让学生获得幸福。进入现代社会以来,经济全球化的步伐不断加快,科学技术迅猛发展,信息化软硬件快速迭代更新,社会信息的裂变以及网络时代下的创客激情和互联网思维也给新时代劳动教育带来了新的变化。其特征主要表现在以下几点。

一、价值导向性

人的不断社会化过程实际上就是人格塑造的过程。在这一过程中,人的个性以及人格得以形成和完善,而价值导向在这一过程中起着决定性作用。如果拥有了正确的价值导向,人格塑造的过程就顺利,如果价值观念冲突,人格塑造的过程就充满了迷茫与彷徨,在无所适从中饱尝左右为难的内心矛盾和选择的痛苦。因此,明确的价值导向,对个体的社会化有着重要影响。以往的劳动教育更注重基本劳动观的培养与动手能力的锻炼,引导学生养成良好的劳动习惯,提高生活自理能力和社会生存能力。与之不同的是,新时代劳动教育除了要承担这些任务之外,更重要的是要实现对学生更高层面上的价值导向。

在开展新时代劳动教育过程中形成正确价值导向,不仅要让学生获取必要的劳动知识、习得劳动技能,更重要的是帮助学生塑造健全的人格和良好的思想道德品质,从而形成积极向上的劳动精神面貌、正确的劳动价值取向,以及获得与社会发展相匹配的劳动技能。尤其是当今国家间的竞争实质上是人才的竞争,学校教育培养什么样的人才关系到国家的未来。因此,新时代劳动教育不仅要培养学生的劳动素质和劳动情感,更要重视劳动价值观的引导,重点是引导广大学生为民族振兴、国家繁荣发展而进行辛勤劳动、创造性劳动,培养年轻一代"不怕吃苦、勇于担当、勇于创造"的劳动精神,以及通过劳动创造社会财富、实现民族复兴大业、推动人类发展的责任感。

首先,劳动教育对学生实现自我价值有着非常重要的作用。在新时代劳动教育中,劳动是主观世界与客观世界间沟通的媒介,人通过劳动实践,在改造自然界和社会关系的过程中,真正地验证自己是有意识的存在。在有意识地改造自然界和社会关系的过程中,体现人的主观能动性以及主动追求梦想的创造精神。劳动促进了学生主观精神的全面成长,有助于学生实现自我探索和价值的逐步养成。

其次,劳动教育对学生养成良好的生活态度有着非常重要的影响。读书求学阶段是人的世界观、价值观和人生观形成的重要阶段,通过劳动教育,可以使学生认识到劳动成果的来之不易,在对待财富时变得更为理性,对在具体的生活实践中出现的投机取巧、好逸恶劳等陋习乃至恶习会形成正确的判断,从而树立正确的劳动观,形成崇尚劳动、尊重劳动的良好社会氛围。

最后,劳动教育可以促进学生伦理思维与道德价值选择能力的提升。道德的基础是特定的利益关系,对待财富、劳动成果以及个人奉献的态度会直接影响社会道德状况的变化,也是社会道德共识的达成与实现的重要组成部分。① 劳动教育使学生明白,没有通过诚实劳动、勤奋努力而取得成就,应该受到道义谴责的道理。引导学生理解社会不能仅仅以最终财富占有量来衡量成功,也不能以最后的成就掩盖过程是否符合伦理性。通过劳动教育引导学生掌握扎实的专业知识和过硬的劳动素质,培养他们与时俱进的创新精神和强烈的社会责任感。

二、实践体验性

实践体验是劳动教育的重要途径,是劳动教育目标实现的重要环节和过程。学生理想信念的确立、思想品德的形成、行为习惯的养成不仅离不开理论学习,更离不开实践感悟和自觉行动。新时代劳

---

① 韦汉吉. 劳动教育是人生第一教育[J]. 传承,2015(12):66—67.

动教育与以往劳动教育最大的不同就在于,更强调参与体验性和动手实践性。劳动教育不再是单纯的生产劳动或手工制作,而是更加强调实践的融入性。新时代劳动教育根据不同学段学生的年龄特点、学校的实际情况采用多元形式,将劳动课程、社会实践、社区劳动、家务劳动、志愿服务等相关活动有效凝聚整合,有效发挥学校、家庭和社会的共同作用,让学生在日常生活和学习中形成正确的劳动观念,提升劳动素养,提高劳动能力。

目前,劳动教育除了课堂理论教学的形式外,还可以通过教学实验、生产实习、社区服务、勤工助学、公益劳动、生产劳动等多样的社会实践活动形式展开。这些形式打破了之前劳动教育单一枯燥的瓶颈,更加注重学生在劳动中的体验感和收获感。新时代劳动教育具有操作实践性强的特点,教师在教授学生掌握一定的基本操作要领后,让学生充分发挥想象,开展创造性劳动,让学生在动手实践过程中培养创造精神和克服困难的坚强意志,在解决劳动问题过程中培养一丝不苟、精益求精的工匠精神,在与其他伙伴合作的过程中培养团队精神和集体荣誉感,在收拾整理劳动工具的过程中养成爱护工具、珍惜劳动果实的良好习惯。例如,利用教材,通过科学分工、做好协调组织学生参加一些群体劳动,使学生相互配合。在自己当家作主的实践活动中,形成集体观念,增强主人翁责任感,学习处理个人与他人的关系,同时也尝到劳动后获得成功的喜悦,体会到劳动成果来之不易。① 这种以实践为主的劳动教育对学生的动手实践、沟通合作、思考探究能力的培养有重要的作用,也能为他们将来踏入社会、服务社会打下坚实的基础。

---

① 浙江省杭州市丽水路小学. 发挥劳动教育的德育功能[J]. 学科教育,2018(12):28—31.

三、素质提升性

对学生进行劳动教育不仅是国家培养人才的需要,同时也是学生自身成长和全面发展的内在需求,符合学生身心发展的规律。不同年级的学生身心发展的特点有所不同,对知识的接收能力具有阶段差异性。当前,部分学校劳动教育传授的大多是理论知识,学生接受实践锻炼的机会少之又少,导致他们思想上忽视体力劳动、内心里抵触体力劳动、能力上不胜任体力劳动,无法建立起脑力和体力劳动之间的关系。[①] 新时代劳动教育正是顺应了学生自我发展、弥补体力劳动的短板这一需求,为学生的全面发展提供了途径。新时代劳动教育针对不同年级学生提供不同的学习内容与实践方式,为促进学生的劳动能力、动手操作能力以及解决实际问题的能力提供了锻炼机会,提高了学生的实践能力、创新意识和劳动素质,满足了学生自身自我发展的需要,也符合教育发展的规律。

新时代劳动教育对学生个性的健康发展具有重要作用。通过劳动教育,学生逐步养成尊重劳动和爱惜劳动成果的道德品质,亲身体悟到"一粥一饭之不易,一丝一缕之艰辛"的现实意义和教育内涵。学生在具体的劳动实践过程中能够养成吃苦耐劳的品格,在团结协作中习得相应的劳动技能,在得到较为直接的情感体验的同时提升个人日常生活技能。作为人类自主性、有意识的实践活动,劳动不仅是收获物质财富的主要方法,更蕴涵着"美的规律",劳动在为我们创造美好生活的同时,也为我们提供了感受美的机会。因此,学生在参与劳动的过程中,不仅能够获得物质成果带来的喜悦,而且能够通过实践获得审美上的愉悦体验。劳动教育的目的不单纯是劳动技能的习得和提升,更重要的是学生通过劳动教育实践,能够健康和谐全面地发展。

---

① 赵国庆. 找准劳动和教育的结合点[N]. 光明日报,2015 - 08 - 06(2).

新时代劳动教育非常关注学生的全面发展,是素质教育的重要组成。劳动教育更加注重大脑使用和具体操作、个人实践和情感体验的紧密融合,与"德智体美"相辅相成。劳动知识、技能、态度、方法的获取与习惯的养成是以每个学生的个体经验和亲身实践为基础的,任何劳动者都不可能通过间接经验获得熟练的劳动操作技能和情感体验。[①] 因此,新时代劳动教育能够满足学生个体成长的内在需要,注重知识与技能、过程与方法、情感与价值、行为与习惯的统一,达到"以劳树德、以劳增智、以劳强体、以劳育美"的育人效果,从而为学生的全面发展提供更多的可能。

四、精神幸福性

在过去很长一段时间里,我国的劳动教育有非常浓厚的政治色彩,与思想改造或者道德养成关联。劳动教育容易被狭隘地理解成体力劳动式的道德养成教育,或者成为教育惩罚的工具。而在追求大力发展经济的社会背景下,劳动教育承载着为社会经济发展培养现代化劳动者的重任,劳动教育渐渐地被窄化为劳动技术的教育,劳动技术的经济性价值越来越受到重视。

实际上,教育的全部意义在于塑造人,在于促进人精神世界的发展和生活品质的提升,而劳动是人类最基本的实践活动,对人的成长以及人的本质的确证都具有至关重要的作用。[②] 但是,当今社会的某些领域,仍然存在一部分人过于强调教育的功利主义维度,劳动教育逐渐成为若有若无的活动。从教育价值的角度来看,这种过于强调劳动教育为社会政治、经济服务的取向,最终将导致人们对劳动教育价值的忽视。从根本上来说,培养人的全面发展永远都是教育的价

---

① 傅小芳. 抓好劳动教育关键期 促进学生全面发展[N]. 中国教育报,2015 - 12 - 10(2).

② 韦汉吉. 大学生劳动教育的价值与强化[J]. 传承,2015(4):66—67.

值追求,劳动教育既是一种教育内容,又是一种教育形式。① 因此,需要打破劳动教育"功利化"的局限,打造内容丰富、形式多样的课程和活动,使劳动教育蕴含的独特教育价值得以发挥。

苏联教育家马卡连柯说过,劳动永远是人类生活的基础,是创造人类幸福的基础。经济的高质量发展需要高素质劳动者,新时代劳动教育强调"劳动创造价值",教育学生通过劳动创造价值,通过自己的双手改变生活,改变世界,在劳动中发挥聪明才智,创造出不朽的价值,生活因此充实满足,这也是成为高素质劳动者的基础。劳动不仅能够创造物质财富,也能够使人获得精神愉悦。新时代劳动教育不仅体现了党的教育方针的核心思想,也强调在实施的过程中注重对学生进行社会主义核心价值观引领,融入爱国主义、集体主义、社会主义教育的内容。新时代劳动教育强调"幸福生活都是奋斗出来的,共同富裕要靠勤劳智慧来创造",其价值引领力量防止思想腐化的出现,防止"懒、贪、占、变"等不良思想的滋生。习近平总书记强调,劳动创造幸福,实干成就伟业。通过劳动教育,学生在收获辛勤付出取得的劳动成果的同时,不断创造生活的美感、获得精神的愉悦,发挥聪明才智,展现出劳动创造欲、征服感与成就感。只有每一个个体获得精神世界的幸福,才能形成"人人爱劳动、尊重劳动"的良好社会氛围,人人都能成为促进社会进步的动力源,共同以劳动托起中国梦。②

五、技术创新性

现代社会充满了先进技术、人工智能,新时代劳动教育也处在一

---

① 曲霞,刘向兵. 新时代高校劳动教育的内涵辨析与体系建构[J]. 中国高教研究,2019(2):73—77.

② 徐长发,张滢. 为什么劳动教育是人生第一教育[J]. 中国民族教育,2020(6):30—36.

个充满技术的"互联网＋"社会生态环境之中。随着科技在劳动过程中的作用日益明显,现代科技渗透于社会生产生活的方方面面,脑力劳动在劳动教育中占比日益加大,新时代劳动教育的内容和劳动形式已不是简单的体力劳动所能涵盖的,更兼具有技术性与创新性的特点。技术的突飞猛进,人们的生活方式和生产水平都受到了技术的深刻影响,公民个体不仅要做技术的消费者来使用技术或技术制品,还要成为技术的生产者来研发新技术、创造新产品。但是这一切都需要技术素养来作为支撑,都需要强化创造性劳动教育促进技术素养的形成和积累。

首先,技术以一定的形式存在于劳动形态之中,两者密不可分,智能时代的劳动就是一种以技术创新与运用为核心的实践。在现实社会中,劳动教育离不开技术,技术教育也离不开劳动。新时代劳动教育在实施的过程中要充分考虑技术的发展趋势,将技术的构成要素融入到劳动教育的课程和活动中,同时根据学生的不同年龄阶段,提升教育内容的技术含量,在培养学生劳动技术素养目标上形成内在序列和梯度结构,以帮助学生建构符合社会发展需要的技术素养和劳动技能训练体系。

其次,新技术的发明创造需要创新精神。不同性质的劳动会有不同的表现形式,其形成的劳动成果也呈现出截然不同的形式。现代劳动既有生产劳动也有消费劳动,既有手工劳动也有机械劳动,既有脑力劳动也有体力劳动,既有认识性劳动也有生产性劳动,足见其呈现种类的纷繁多样。创新始于劳动,劳动的多样性、开放性和关联性决定了劳动教育具有一定的创造性,这种创造性也成为了推动技术更新、发展、迭代的动力。个体在脑力劳动的支配下,积极进行思维再建构和塑造,调动个体积累的基础知识、已有技术基础创造性地开展劳动实践,是个体能力螺旋式提升和劳动创造的重要过程。

最后,劳动教育与技术教育相辅相成。如果只有技术教育,培养出来的学生只能算是一个技术操作者,而要将技术用于推动社会发展和造福人民,则需要与劳动教育中的职业理想教育相结合,引导学生在劳动实践体验中逐步感悟。因此,以技术创新运用为核心的技术教育最终的目的是服务于社会发展。随着技术的突飞猛进,每个公民在社会中都承载着技术消费、生产、革新等多重任务,在技术产品的使用过程中可能受益也可能受害;在技术制造的过程中有可能造福社会,也可能祸害社会;在发明新技术的过程中有可能成为新的工艺流程、加工方法、管理形式变革者,也可能成为阻碍者。这与学生在技术教育中所树立的劳动价值观密切相关,而价值观的形成需要教育者在劳动教育中不断进行引导,需要在不同的劳动教育实践活动中不断修正、强化及至定型。

第二节　新时代劳动教育的时代价值

劳动教育在当前教育中依然不能缺位,它在贯彻党的教育方针、推动素质教育实施、培育践行社会主义核心价值观、传承中华传统美德、培养现代工匠精神、弥补青少年特征性缺陷等方面都发挥着重要作用。

一、劳动教育是优化素质教育的必然要求

针对应试教育在实践过程中出现的一些问题,人们强烈呼吁需要对学生的素质进行全面的提升。国家对素质教育的重视程度与日俱增,素质教育正在全力、全面、纵深地持续推进,素质教育的探索方兴未艾,素质教育的经验层出不穷,素质教育的模式不断被建构出来。[1] 但

---

① 冯胜辉. 新时代高校劳动教育的内涵辨析与体系建构[J]. 四川教育,2009(1): 16—17.

是,在现实中也存在对"素质"一词过于应试化、教条化的解读,素质教育在实施过程中也存在部分地区成果不够理想的状况,存在劳动教育在素质教育开展的过程中常常被忽视的现象。甚至因为受到片面宣传的影响,人们在谈到"劳动"这个话题时,常常与"劳动改造""劳动惩罚"等联系在一起。部分老师将"劳动"作为一种奖惩学生的手段,而不是教育的手段。"犯错误就罚扫地""不听话就倒一周的垃圾"……也有老师把它当作奖励:"你今天表现不错,这周就不用搞卫生了。"表现差的孩子理所当然参加劳动,表现好的孩子便名正言顺远离劳动。有个别家长也认为,"孩子只要把学习搞好就可以了,至于劳动,现在家里请保姆,以后他们挣钱了,同样可以自己请家政,何必自己做"……如此种种,让孩子在潜意识里认为"劳动是一种耻辱,我不要劳动"。① 劳动教育的主要功能就是将生产与劳动结合起来,促进人的全面发展。因此,从教育的功能上来说,劳动绝非小事,劳动教育也不是素质教育中可有可无的部分。人们通过劳动实现与他人的交往,实现个体的社会化,而劳动教育在这个过程中发挥着重要的作用。

当今社会,应试教育的惯性导致了劳动教育的地位缺失,学生埋头苦读,轻视劳动,参加社会劳动和家务劳动的时间和机会越来越少,部分地区劳动教育存在被弱化、软化、淡化的情况,社会上部分人和部分学校也存在对劳动教育的不重视。这在一定的程度上导致了劳动教育的缺位,劳动的教育功能得不到应有的发挥和实现,学生在社会实践能力、创新精神等方面的培养存在不足甚至缺失。

劳动教育是连通教育与生活、职业的重要环节,体现的是人文精神与技术理性的融合,具有语文、数学、外语等其他学科不具有的育人功能,是推进素质教育的重要抓手。那些缺失了劳动教育的素质

---

① 杜爱玉.劳动对于青少年德育的意义[J].思想政治课教学,2010(4): 85—86.

教育是不够全面的,也是不利于学生发展的。通过劳动课,体力劳动与脑力劳动两者实现了一定程度上的平衡,在实施的过程中注重劳动意识、技术悟性以及创新精神的培养,为学生的未来人生路线选择奠定更加坚实的基础。劳动教育是促进学生成长成才的重要途径。倡导劳动教育德育价值地位的回归,挖掘劳动的德育价值,正是当前教育工作者的当务之急。这既是贯彻劳动与教育相结合的教育方针的重要措施,又对德育工作的开展有着非常重要的作用。① 因此,引导学生参与劳动实践,接受劳动教育,把提升学生的社会实践能力和创新能力作为工作的重点,养成崇尚、尊重、热爱劳动的良好品质,是全面推进素质教育的根本要求和重要路径。

二、劳动教育是弥补当代中小学生特征性缺陷的紧迫需要

从我国教育的现实情况来看,学生群体中独生子女仍然占据大部分,这样的人口学特征对教育带来的冲击是很明显的。部分独生子女在娇生惯养的环境下长大,他们缺乏独立生活的能力,这可能会导致四体不勤、五谷不分、眼高手低、好逸恶劳的生活习惯,同时,较为优渥的生活环境也带来了物欲和自我的双重膨胀,伴随而来的有时就会是对劳动、劳动者的轻视甚至是鄙视。"劳动最光荣"的观念甚至会被现实中所谓的"富二代""官二代"和"啃老族"等群体摒弃。② 而社会发展的激烈竞争对新型劳动者道德素养、精神品质、毅力等方面的素质都提出了较高要求。在此情势下,通过劳动教育可以使学生在亲身经历中切身感受劳动的意义,提高他们的生存能力和思想道德品质。

教育部的《关于加强中小学劳动教育的意见》在论及劳动教育功

---

① 吴玉剑.论劳动教育与时代新人培养[J].教育理论与实践,2021(27):15—18.
② 白雪苹.对当代中小学劳动教育缺失的"冷"思考[J].教学与管理,2014(13):82—84.

能及其目标时,强调培养学生积极的劳动态度和良好的劳动习惯,提高劳动素养,促进其全面发展;培养勤俭节约的习惯、踏实肯干的态度、意志坚定的品质、团结协作的能力和爱劳动、爱创造、爱劳动人民的思想情感,营造浪费可耻、节约为荣的氛围;培养基本的生活和生产劳动技能、初步的职业意识和创新创业意识,以及动手实践、解决实际问题的能力;培养强健体魄和健全人格;培养"劳动最光荣、劳动最崇高、劳动最伟大、劳动最美丽"的劳动审美观。[①]

同时,劳动教育还具有强脑益智功能。劳动需要手脑并用,因此有助于大脑功能的发展和增强,劳动能使人的大脑变得更灵活好用,更能发挥创造性。研究表明,手及其活动在人的大脑皮层定位面积大,作用强。强有力的动手劳动,使大脑皮层得到最大限度的运动、贯通和开发,从而使大脑得到强化发展。[②] 因此,既要让学生读书、学习、思考,也要让其参加劳动锻炼。这既能克服教育脱离生活实践的弊端,又能增强学生的生活自理能力,使学生在劳动体验中学会面对困难并战胜挫折,培养耐挫折能力和适应能力。

三、劳动教育是托起中国梦的一种必然选择

伟大的目标源于伟大的梦想,伟大的事业成于不懈的奋斗。新中国成立后,中国共产党团结带领全国人民,自力更生、发愤图强,成就了社会主义革命和建设、改革开放和社会主义现代化建设、新时代坚持和发展中国特色社会主义的伟业。[③] 习近平总书记强调:"全面

---

① 教育部,共青团中央,全国少工委.关于加强中小学劳动教育的意见,2015-07-24.

② 董亚姣.劳动教育在少先队教育中发挥的功能研究[J].少先队研究,2019(2):53—56.

③ 新华社.自力更生,发愤图强——社会主义革命和建设伟大成就综述[EB/OL].新华网,(2021-7-22)[2021-10-12].https://china.huanqiu.com/article/442TED8Jf0w.

建成小康社会,进而建成富强民主文明和谐的社会主义现代化国家,根本上靠劳动、靠劳动者创造。"①这为中国梦实现途径指明了方向,更是充分肯定了中国梦实现过程中劳动与劳动者的根本地位。

回望过往历程,眺望前方征途,我们必须始终赓续红色血脉,用党的奋斗历程和伟大成就鼓舞斗志、指引方向,用党的光荣传统和优良作风坚定信念、凝聚力量,用党的历史经验和实践创造启迪智慧、砥砺品格,继往开来,开拓前进。我们所处的时代是催人奋进的伟大时代,我们正在进行的事业是前无古人的伟大事业。②

回望历史,眺望前途,我们在党的奋斗历程和伟大成就中鼓舞斗志,在新时代开启新征程,无论是简单劳动者还是复杂劳动者,无论是体力劳动者还是脑力劳动者,都是实现中国梦的过程中不可或缺的重要力量。2021 年七一前夕,党中央批准了中央宣传部梳理的第一批纳入中国共产党人精神谱系的伟大精神,劳模精神(劳动精神、工匠精神)成为第一批被纳入中国共产党人精神谱系的伟大精神。因此,弘扬劳动精神、工匠精神,是弘扬光荣革命传统、赓续红色血脉的应有之义,是始终坚持人民群众的主体地位,始终将实现好维护好发展好最广大人民的根本利益作为党和国家一切工作的出发点和落脚点的精神动力。③

中国梦就是实现中华民族伟大复兴的梦想。这个梦想凝聚和寄托了几代中国人的夙愿,是每一个中华儿女共同的期盼。而实现这个梦想需要每一个人的辛勤劳动。奥斯特洛夫斯基曾说:"人的一生应该这样度过:当回忆往事的时候,他不至于因为虚度年华而痛悔,

---

① 周叶中.中国共产党最有理由自信[J].红旗文稿,2021(13):15—18.

② 习近平.在庆祝"五一"国际劳动节暨表彰全国劳动模范和先进工作者大会上的讲话[N].人民日报,2015-04-29(2).

③ 许明等.改革开放 30 年:当代中国的文化发展(文化卷)[M].中国大百科全书出版社,2008:76.

也不至于因为过去的碌碌无为而羞愧。"①当前国际和国内发生的巨大变化,迫使我们不得不重新思考现代社会的劳动教育问题,特别是青少年的全面发展问题,因为这将关系到中华民族伟大复兴"中国梦"的实现。② 时代的责任驱使我们新一代的劳动者,都必须拿起勤奋的铁锤,用执着的劳动态度,撑起"中国梦"理想的晴天,这一梦想的实现离不开劳动教育。劳动教育承载着培养创新型国家建设所需要的人才的基础任务,是国家培养德智体美劳全面发展的人才、提升国家人才优势、增强国家综合国力,实现中国梦的有效手段。

四、劳动教育是培育社会主义核心价值观的有效载体

党的十八大提出的《关于培育和践行社会主义核心价值观的意见》,"将 24 字核心价值观分成 3 个层面:富强、民主、文明、和谐,是国家层面的价值目标;自由、平等、公正、法治,是社会层面的价值取向;爱国、敬业、诚信、友善,是公民个人层面的价值准则"。③习近平总书记强调"在全社会大力弘扬劳动精神,提倡通过诚实劳动来实现人生的梦想、改变自己的命运,反对一切不劳而获、投机取巧、贪图享乐的思想"。④ "爱岗敬业、争创一流,艰苦奋斗、勇于创新,淡泊名利、甘于奉献"的劳模精神,是伟大时代精神的生动体现,是中国共产党人精神谱系第一批伟大精神的重要组成部分。劳模精神所蕴含的劳动精神、工匠精神生动诠释了社会主义核心价值观,是我们的宝贵精神财富和强大精神力量。关于劳模精神、劳动教育的重要思想和论述,

---

① 奥斯特洛夫斯基. 钢铁是怎样炼成的[M].浙江少年儿童出版社,2004:276.

② 胡卫. 缺乏劳动精神孩子便已经输在了起跑线上[N]. 人民政协报,2019 - 05 - 08 (10).

③ 中共中央办公厅. 关于培育和践行社会主义核心价值观的意见,2013 - 12 - 23.

④ 习近平. 在知识分子、劳动模范、青年代表座谈会上的讲话[N]. 人民日报,2016 - 04 - 30(2).

为社会主义核心价值观注入了一抹"劳动"的颜色,这也有利于社会主义核心价值观更好地走进劳动群众,引导人民群众形成良好的"社会公德、职业道德、家庭美德、个人品德",促进社会主义核心价值观在生产生活的实践过程中落地生根、开花结果。

实际上,劳动教育与社会主义核心价值观也具有内在一致性,劳动教育有利于在精神动力上丰富社会主义核心价值观。自古以来,中华民族就有着热爱劳动的光荣传统,一代又一代的中华儿女视劳动为本、勤俭持家为美德。党的十八大以来,党中央高度重视培育和践行社会主义核心价值观,习近平总书记强调"广大青年要自觉践行社会主义核心价值观,不断养成高尚品格。要以国家富强、人民幸福为己任,胸怀理想、志存高远,投身中国特色社会主义伟大实践,并为之终生奋斗"。① 在这样的背景下,劳动教育是全面贯彻党的教育方针的根本要求,是实施素质教育的重要内容,也是培育和践行社会主义核心价值观的有效载体,是提高学生综合素质的基本途径。

开展劳动教育重在培养学生辛勤劳动的习惯,把热爱劳动的思想观念转变为吃苦耐劳、艰苦奋斗的劳动精神,引导学生懂得依靠勤劳和汗水开辟人生和事业前程,这既体现了党的教育方针,也蕴含着社会主义核心价值观的思想内容。这其中提倡社会主义按劳分配的原则,"勤劳致富,多劳多得"的思想观念,反对贪图安逸、惧怕困难、怨天尤人的思想。我们要弘扬社会主义先进文化、坚持艰苦奋斗,让学生在劳动实践的过程中认识到劳动成果来之不易的道理,逐步养成勤俭节约的良好习惯,引导学生进行合理的消费,培养学生的艰苦奋斗精神,形成正确的劳动观念,培养学生热爱劳动、热爱劳动人民、热爱生活,尊重劳动,尊重他人的观念,从而促使学生践行社会主义

---

① 习近平. 在知识分子、劳动模范、青年代表座谈会上的讲话[N]. 人民日报,2016 - 04 - 30(2).

核心价值观。

五、劳动教育是传承中华优秀传统美德的重要抓手

中华民族从来就是勤劳勇敢的民族,勤劳是中华民族的传统美德,中华民族之所以能创造出许多灿烂的民族文化及民族历史,都要归功于劳动。四大发明都是我们的前人在劳动中创造的。"一切生存、发展、创造都是从劳动开始的,一切丑恶、堕落、犯罪都是从不劳动开始的。"①劳动创造着一切,热爱劳动是中华民族的传统美德。今天,我们要建设中国特色社会主义,要实现中华民族伟大复兴,更离不开亿万劳动者的辛勤劳动和付出。通过劳动教育,广大学生可以继承和发扬我国劳动人民勤劳勇敢的光荣传统,在未来为社会建设作出更大的贡献,成为推动中华民族前进的不竭动力。

劳动锻炼,不仅可以使学生强身健体,还可以让学生在实践中学会如何运用知识解决实际问题,养成勤俭节约、艰苦朴素的好习惯,增强团队成员的团结、关爱、互助、合作,建立融洽的家庭和社会关系。通过引导学生积极参加劳动,在培养学生热爱劳动的意识的同时,学生还可以获得劳动知识与技能,深刻体味劳动的艰辛,学会尊重劳动人民和珍惜劳动果实。比如要理解诗歌中的"粒粒皆辛苦",学生不仅要在课堂上学习,更重要的是要在实际劳动中感悟、体会。让学生在劳动活动中收获创造的快乐,认识到"勤劳的双手能创造幸福生活,勤劳是人类最宝贵的财富"。用自己的双手创造属于自己的幸福生活,这是人类"学会生存"的基础,对于传承中华民族优秀传统美德具有重要意义。热爱劳动,既是中华民族的传统美德,也是今天社会主义精神文明的重要内容。我们一定要叫响"劳动光荣"的口

---

① 史成生.劳动教育——一项不可忽视的德育工程[J].思想政治课教学,2005(5):61—62.

号,引导学生继承和发扬热爱劳动的传统美德,积极投身各种劳动实践,防止和克服享乐主义、个人主义和贪污腐化等不良思想行为。在劳动过程中注重引导学生懂得感恩,引导学生践行和传承勤俭节约的优良传统美德。

六、劳动教育是培养工匠精神的重要支撑

制造业是我国经济的基础,要实现大国制造的目标,就需要有一大批技术熟练的现代产业工人。而目前我国制造业发展相对滞后的一个重要原因,就是缺乏技术精湛、精益求精的大国工匠。而比缺乏工匠更严重的是工匠精神的缺失。"工匠精神"的孕育是人类社会进化发展的必然结果;"工匠精神"的传承是历史文明的长期积累。正确认识"工匠精神",有利于举全国之力、聚全国之智重塑"工匠精神",促成"工匠精神"的早日回归,让"工匠精神"成为全社会的主体意识和主流价值,成为加快转型升级的助推器和提质增效的加速器。[①]

"工匠精神"是态度与技术的复合。有学者曾对"工匠精神"总结出 20 个"特质",其中包括"有情怀、有信念、有态度""做到专业与专心""一辈子只干一件事""对自己从事的行业充满敬畏感""对自己的手艺有超乎寻常甚至近乎神经质般的艺术追求""精雕细琢,精益求精"等。[②] 学校要培养学生的工匠精神,不仅要依靠开设相关的劳动课程,还需要开展各种劳动实践活动来实现。目前学生群体中普遍缺乏工匠精神,部分学生甚至比较浮躁和懒散,在学习中也表现出缺乏恒心与定力,缺乏对专业的热爱,对职业缺乏敬畏之心,对社会漠不关心,这些都与学生不愿意参加劳动、缺乏动手能力、欠缺劳动习

---

① 王寿斌. 工匠精神的理性认知与培育传承[J]. 江苏建筑职业技术学院学报,2016
(2):1—5.

② 卞杰. 手艺人,别误读了"工匠精神"[J]. 中华手工,2016(3):35—38.

惯、缺乏精益求精的精神有一定关系。目前部分学生只专注学习,不愿参加劳动,在家中甚至不用动手劳动,也没有学会动手劳动。这样的劳动素养和能力,不仅对自己将来的成长发展不利,也很难实现向应用型人才转变,更难以培育整个民族的"工匠精神"。

面对调结构、转方式、促创新的要求,当前培养工匠精神的任务艰巨。培育"工匠精神",实现"创新驱动"的国家发展战略,就要从小养成学生的劳动习惯,提高学生动手动脑的创新实践能力,在劳动中培养学生精益求精、认真严谨、专业敬业的工匠精神,通过劳动教育在全社会弘扬劳动光荣、技能宝贵、创造伟大的时代风尚,提升学生的职业素养,不断强化"一技之长",提升学生的职业能力。唯有在全社会形成崇尚科学、热爱劳动的价值观念,"工匠精神"才能得到继承与发扬。

第三节　新时代劳动教育蕴含的德育价值

劳动,不仅可以创造有形的物质产品,还可以产生无形的精神产品。但这无形的精神往往被忽略,对其进行的开发利用就更少。劳动如果缺乏价值的引导和精神的引领,往往会被认为是枯燥乏味、费力不讨好的苦差事。其实,劳动承载着个人的生活方式、思维方式,既是防止社会肌体腐败的防腐剂,也是人的经验积累、成长成熟、走向成功的起点。劳动教育蕴含丰富的德育价值,不仅反映在学生技能的提高上,还反映在他们意志的锻造、能力的发展和品德的养成上。

一、通过劳动教育,促进学生学会合作与分享

多数的劳动都无法由单一个体独立完成,而是需要多人共同协作、共同完成,最后共同产出劳动成果。因此,劳动教育,能够帮助学

生学会团结协作、合作完成任务,将自我融于集体中,培养学生的合群性,帮助学生完成社会化的过程,学会与他人和谐相处。劳动教育注重在实施的过程中培养学生的团队精神和合作能力,引导学生树立集体意识和团队荣誉感,增强学生对集体、社会、国家的责任感。

劳动教育为学生提供了成员之间合作的机会,增加了教育过程中学生之间合作互助的频度和强度。在劳动实践的过程中,学生通过共同完成任务相互认识和沟通,相互切磋和讨论,学会善于听取别人的意见,取长补短,培养技能,学会与人相处,彼此尊重,学会合作,还可以交流彼此的感情,增进大家的友情,共同分享成功的快乐;另一方面,学生参与劳动实践,不仅可以获得劳动的知识、技能,还可以在过程中发现、认识、锻炼自己的能力,认识到劳动的辛苦并得到收获,理解劳动成果来之不易,使学生学会爱惜劳动工具,树立珍惜劳动成果、勤俭节约的思想观念,培养尊重劳动成果、尊重劳动和劳动人民的意识。

二、通过劳动教育,促进学生学会持之以恒

马克思主义认为,劳动实践是劳动技能养成之源,同时推动劳动技能向前发展。人类通过实践来正确认识和改造客观世界。而劳动就是人类最基本的一种实践活动,人类通过劳动不仅改造了客观世界,也通过劳动去检验真理、验证理论、探索真知。[①] 但劳动往往需要经历一个艰辛的过程,青少年学生正处于青春期,活泼好动,对世界充满着求知欲,但也会出现做事情仅凭兴趣,遇到困难就容易失去耐心与坚持的情况,造成半途而废的结果。劳动的过程是锤炼个体意志的过程。每个人都需要学会欣赏劳动的美,感悟劳动中的文化,深刻体味劳动对人格完善和历练的重要作用。正像苏联著名教育家苏

---

① 杜爱玉. 劳动对于青少年德育的意义[J]. 思想政治课教学,2010(4): 85—86.

霍姆林斯基所说的："我们的劳动教育理想是，要使每一个人早在少年时期和青年早期就找到这样一种劳动，在这种劳动中能够最充分、最鲜明地展示他的天赋才能，并给他带来精神创造性的幸福。"①

　　劳动教育课程属于实践类，教师通过引导学生去完成项目或制作作品，在过程中学会找到办法解决问题，学生通过亲身参与调查、设计制作方案、选择合适的材料、准备和使用工具、制作修改等一系列的过程，掌握基本的劳动知识与技能，提高发现和解决实际问题的能力。在制作过程中，学生之间需要相互帮助和启发，在这个过程中他们学会了人际交往与沟通合作，也为他们自己提供了互相帮助的机会，既提高了自信，又提升了协作能力。最关键的是在具体的劳动实践实施过程中，对于存在的困难，其间的问题，通过与队友商量解决对策，团队成员相互加油鼓劲，个体可以提高应对挫折的能力。因此，在有目的、有计划地开展劳动教育教学的过程中，自然而然地就进行了德育的渗透，潜移默化地起到了对学生进行思想品德教育、完成对个体意志力的磨砺的作用。通过培养学生劳动光荣的思想观念，学生认识到了劳动的平等性，劳动的差异只是分工不同而没有高低贵贱之分，从而逐步树立正确的劳动思想观念，养成艰苦奋斗、吃苦耐劳的精神，并做到坚持不懈，持之以恒，勇于挑战并克服困难的健全人格。

三、通过劳动教育，促进学生学会担当责任

　　责任感的培养是学生成长成才的关键内容，它是学生对自己、身边的他人、所在的集体、社会、国家的担当和使命，也是学生智慧创获、创造社会价值、实现自我价值的保证和整个社会得以推动发展的

---

　　①　苏霍姆林斯基.苏霍姆林斯基选集(第1卷)[M].北京：教育科学出版社，2001：78.

基石。社会责任感的培养和教育需要一个长期的过程,让每位学生都能参与劳动过程,通过劳动活动培养和提高自身的能力,从个人抓起、从小事抓起,持之以恒,在劳动教育中增强学生的责任感,使学生了解并主动承担自身责任,增强自身的使命感,意识到自己承担的职责的神圣性,自己完成自己应做的事是光荣而自豪的,培养学生对自己、他人、社会、国家的担当意识。

　　责任感是人自觉行动的动力,有了责任感就自然会有动力不断地开拓进取。学生责任感的培养可以从参与劳动做起,比如学生参与班级管理工作,做好校园环境卫生打扫,开展集体公益劳动等;通过劳动任务和项目的分配,每个学生在劳动中承担一定的责任,并在这个过程中适当地对其进行表扬,这样学生既能克服惰性,又能激发积极性和责任感。

四、通过劳动教育,促进学生学会创新实践

　　创新性是指学生打破既有的思想和行动的定势,在认识和改造主客观世界的过程中扬弃旧质,追求创造新质的特性。可见,创新精神的培养离不开实践过程,而劳动这样的实践活动就是不断地改造旧质、创造新质的探索过程。劳动是人的第一实践活动,劳动教育通过学校为学生创设良好的教学环境,鼓励学生在劳动中结合实际开展创新。这一过程是学生获得真知、掌握技能技巧、发挥创造力的有效途径。通过劳动,学生也可以发现和认识客观世界,因此劳动是学生探索世界的重要方式;通过劳动,学生可以对真理进行检验,也可以实践书本上的理论,从而获得真知,掌握必备的劳动技能。劳动教育有利于培养学生的实践创新能力,在完成劳动任务的过程中不仅可以让学生在劳动情境中获得丰富的情感体验,实现对劳动的情感认同,还可以激发学习的兴趣,启发思考,培养探索未知世界的创新意识,提升创新思维能力。

在劳动教育的过程中,教师要注重学生的参与,充分尊重和发挥学生的主体作用,让学生通过思考、讨论、质疑、总结、反思,激发思想的火花,碰撞出有创意的想法,鼓励创新性的言行萌芽。教师要鼓励学生"做中学",在动手实践中让学生理论联系实际,通过观察和分析发现问题、解决问题,树立起科学的合作观、进取的竞争观、创新的思维观,不断地发展学生的创新能力;鼓励学生充分发挥想象力,大胆实践,在劳动过程中展现自己,同时通过创造性劳动发展自我,发挥学生的自主性、选择性、创造性,通过创造性劳动,发展学生的创造思维,培养学生的创造意识,养成创新精神。

五、通过劳动教育,促进学生身心全面发展

苏霍姆林斯基曾明确指出:"没有劳动的教育是片面的教育。"[①]劳动教育能够培养身心两健、人格独立自由的人,不仅能培养出造就未来的好公民,而且也为公民未来的幸福生活奠定基础。

真正的劳动教育必须是旨在实现个体自由而全面发展的教育,是顺应变化发展的实践和时代特征而不断进行内容和形式上的调整更新的教育范式,是现代劳动和现代教育在尊重客观规律基础上的实质意义层面的交融和耦合。[②]只有在劳动实践活动中,学生个体的身心才能得到充分的锻炼,为未来的全面发展奠定基础。劳动实践不仅可以培养学生参加劳动的兴趣,提高他们的劳动素养和劳动技能,而且在劳动的过程中还可以提高学生的思想道德水平、科学文化素质和身心健康素质,使他们养成良好的行为习惯和积极乐观的态度,同时通过劳动展示自身的天赋才能,实现个性发展。劳动教育在

---

① 苏霍姆林斯基.苏霍姆林斯基选集(第 1 卷)[M].北京:教育科学出版社,2001:37.

② 张利钧,赵慧勤,张慧珍.新时代劳动教育:内涵特征与价值意蕴[J].教育理论与实践,2021(26):3—6.

陶冶学生情操方面也有着重要的作用,劳动课程面向社会大课堂,可以让学生走出校园,既能接触大自然,感受大自然的美丽,又能深入社会生活的方方面面,用智慧的心灵、灵巧的双手、聪明的头脑去创造美好生活。劳动教育还能发挥综合育人的功能,"以劳树德,以劳增智,以劳强体,以劳育美,以劳创新",为学生终身发展服务。

第四章　我国劳动教育的现状分析

　　进入新时代以来,随着素质教育、智能教育等概念更新迭代,劳动教育受到了空前的重视,各地的劳动教育活动纷纷展开。为了更好地了解我国劳动教育的现状,本书围绕"劳动教育课程(具体包括劳动教育内容、劳动教育相关教材以及劳动实践活动组织形式等方面的内容)""劳动教育资源(活动场地、师资力量、社会氛围、家庭作用发挥等)""劳动教育模式(劳动教育方式、劳动活动类型等)""劳动教育机制(劳动教育生活化渗透、劳动基地建设、劳动保障、家校互动等)""学生个人对劳动教育的认知(参加劳动的意愿、处理劳动与学习的关系、劳动后的评价、劳模的认识、劳动重要性的认同度等)"五个部分,在上海的华师大二附中、复旦中学、长宁区实验小学、徐汇区三好中学、上海交通大学附属实验小学、华东师范大学附属小学等50所中小学展开了问卷调查,以期全面准确地了解当前中小学生劳动教育的开展现状,并试图寻找其原因,评析当前中小学生劳动教育的实际效果及存在的劳动教育淡化、弱化、虚无化等问题。本次调查共发放问卷1000份,经过清理和审核,得到有效问卷991份,有效率达99.1%。其中男生占54.0%,女生占46.0%。从年级分布上看,最多的是小学生,占40.1%,其次为高中,占30.6%,最后是初中生,占比29.4%。在此次调查中,以独生子女为主,占71.9%,非独生子女占28.1%。

第一节　劳动教育课程的现状

在教学过程中,劳动教育主要借助课堂教学展开。近年来各个学校结合相关文件的要求,对学校劳动教育课程进行了积极的探索与实践,形成了一些课程体系与特色做法,但也存在一些不足,有待进一步完善。

一、对劳动教育的定位不够明确,对劳动教育的内核把握不准

新中国成立以来,虽然劳动教育时常被提及,但对劳动教育在学校教育中的定位在不同的阶段不太相同,缺乏一定的稳定性。历史上有许多教育家都把劳动教育视为学校教育的内容之一,并在学校教育中积极倡导和呼吁,甚至身体力行。比如裴斯泰洛齐,在其所提出的和谐发展教育概念中,就包括体育、劳动教育等方面。[①] 70 多年来,我国一直比较重视劳动教育对学生身心发展的作用,很多国内教育家都提倡将教育与生产劳动直接或者间接相结合。特别在新中国初期,我国高度重视劳动,劳动和劳动教育被视作重要的教育方式,纳入国民教育体系中进行安排和规划。比如陶行知先生,一直以来他都倡导着"生活教育论",他创办的山海工学团明确指出了劳动与教育的关系:"工是工作,学是科学,团是团体。工学团既是一个工场,又是学校,还是社会,是把工场、学校、社会打成一片的教育组织,需要贯彻'工以养生,学以明生,团以保生'的精神。"[②]

随着我国社会经济的发展,劳动教育的重要作用也越来越被重视。例如 20 世纪初,我国开始启动新课程改革,劳动教育直接被纳

---

①　王天一等.外国教育史(上册)[M].北京:北京师范大学出版社,1997:204.

②　陶行知.陶行知全集(第 2 卷)[M].成都:四川教育出版社,2005:45.

入了综合实践活动中,在课程标准上也出台了相关的操作规定。

但是,上述的宏观的不稳定性和微观的细致性问题也会导致一定的问题的出现,尤其是当两者同时出现时,极易造成在现实的教育教学活动中,对劳动教育作用的认识不够清晰,对劳动教育核心要素的把握不够准确,导致与劳动教育密切相关的效益无法得到充分实现。其导致的结果就是:现实生活中的劳动教育因只强调其自身的某一方面,对于整体有所忽视,容易出现前后的不一致或不连贯的情况,甚至在劳动教育的实施过程中出现混乱,以至于劳动教育的实际效果并不理想。因此现实中,劳动教育的实践者有的开始忽视劳动教育,有的对劳动教育的优势作用失去了信心。

二、多数学校按劳动教育课程要求开课,但部分高中因学业压力出现了劳动教育课程淡化的情况

在教育部、共青团中央、全国少工委印发的《关于加强中小学劳动教育的意见》中要求小学、初中、高中各学段都需要开设劳动技术课,并需要安排一定的时间专门进行劳动实践。① 根据年级不同,学校方面开设劳动课也不尽相同。调查发现,小学和初中大部分学校劳动课的时间为每周一节课,其中,小学每周一节课的学校占比76.1%,初中每周一节课的学校占比为72.8%,与此相反,高中超过半数的学校都是没有劳动课的,为53.0%。在劳动课的落实情况调查中,小学和初中超过八成的学校是按时上课,其中,小学比例为82.7%,初中比例为84.7%。高中的学校中按时上劳动课的比例较低,为42.0%,从没上过劳动课的比例较高,为53.0%(如图1)。部分高中由于高考升学的压力,劳动课程时间被挤压,劳动教育这种所

① 教育部、共青团中央、全国少工委. 关于加强中小学劳动教育的意见,2015 - 07 - 24.

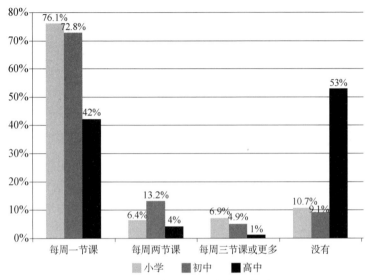

图1　开设劳动课程时间与年级的关系

谓的"副科"存在让位于语数外等所谓的"主科"的情况,劳动教育由
此逐渐被边缘化。

劳动教育的成效需要一定时间的积蓄显现,无法立竿见影地发
挥出来。同时,由于人们对"考试"的普遍焦虑,应试教育进入到人们
的视野中心,一定程度上受到追捧,不论是学校的教师还是家长都把
课业学习放在中心位置,而认为参加劳动挤占学习时间,两者以对立
的方式存在。部分家长认为多参加一些劳动,课业学习的时间就相
应减少,肯定会影响到孩子的学业成绩。因此,部分教师为了提高成
绩,开始挤占该属于劳动课程的时间来辅导学生主课,而部分家长为
了让孩子节约时间用于投入学习,而包揽了全部的家务劳动,不让孩
子动手劳动。而实际上,如果学生本人对课业学习没有充分的主动
以及热情,其学习效果也是可想而知的。孩子积极的学习态度,主动
自愿承担起应有的责任,探寻问题的解决之道等,都可以通过劳动得

以实现。

三、劳动教育课程的教材以教育部统一教材为主,劳动课学习内容手工居多,缺乏个性化设计

在劳动课上使用的教材方面,超过半数的学校以教育部统一颁发的教材为主,比例为53.4%,其次是学校和地方自己设计的教材,占比分别为17.3%和12.5%。而在劳动课的内容上,在小学和初中年级中,劳动课内容均以手工最多,小学劳动课学习手工的比例高达90.2%,初中也超过八成,为83.7%。相比较而言,家政、烹饪、园艺的劳动教育内容占比则无明显优势。然而,根据调查,也有31.1%的学生表示劳动课被其他课挤占了。随着年级越高,劳动课被其他科目所占的比例也越来越高,从小学占比4.4%,初中占比6.6%,而到高中这一比例更为明显,为20.1%(详见图2)。由此可见,学校中(尤其是高中学校),校长和老师认为升学率更重要,成绩的高低决定了学生以后的发展,为此而忽视了劳动教育的重要性,致使劳动教育被忽视、淡化。

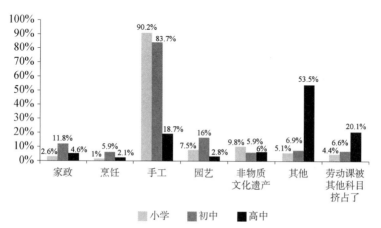

图2　开设劳动课程的内容与年级的关系

四、劳动课程开展形式多样,但是劳动实践活动较为单一

调查中发现,劳动课的开展形式包括三种:课堂讲授理论、动手参与实践和校外社会实践。学生在学校通过劳动课程学习是接受劳动相关知识教育的一个重要途径。在课程当中,学生动手参与实践占比最高,为 78.5%,其次为课堂理论讲授,为 40.2%,最后是校外社会实践,占比仅为 21.3%,可见学校在通过校外社会实践活动方面进行劳动教育的比例仍然有待提高。除了教学采用的讲授法,增加其他形式的教育方式也很有必要。调查显示学校在劳动活动形式方面较为单一,大体是以卫生大扫除和完成劳技课作业为主,分别为 69.7% 和 57.3%,而学生比较喜爱的实践活动却占比较少,比如参加与劳动相关的社团、兴趣小组仅占 29.0%,认领绿植或责任田占 12.2%,参观农场、工厂等占 12.2%(如图 3)。劳动实践是劳动教育的重要形式,学校可以创设条件为学生提供更多的实践机会和劳动方式,而不是让学生在学校里面参加唯一的劳动实践形式——大扫除。除此以外,学校还应该通过丰富多彩、饶有趣味的活动来加强劳动实践教育,提高学生的综合能力,陶冶生活情趣,提升综合素养。

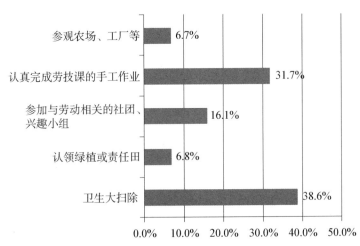

图 3　学生经常参与学校的劳动活动情况

第二节　劳动教育资源的现状

资源是维持劳动教育正常发展的重要保障。随着社会经济的发展,我国劳动教育的资源不断丰富,但也存在部分学校在场地、师资、技术方面缺乏相应的条件的现象,使劳动教育在实际开展中遇到困境。

一、多数学校为劳动教育课程提供专门场所,但部分学校在此方面有所欠缺

劳动教育的内容不仅包含劳动意义、目的的教育,还要有热爱劳动的情感激励,更少不了劳动技巧技能的掌握。这些都需要通过课程这一主要渠道来传授给学生,因此劳动教育应当非常重视课程的建设和发展。调查中超过六成的学校为劳动教育课程提供了专门的场所,为 67.9%,而没有为劳动课程提供场所的也占到了 32.1%(如图 4)。这说明在如今的劳动教育中还存在着活动场地不够完备,劳

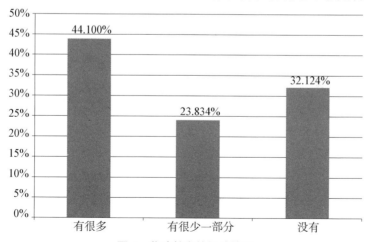

图4　劳动教育的场地情况

动教育的资源不够丰富等问题,导致现代劳动教育缺乏充足的后勤保障支撑。

二、大多数学校有专任老师上劳动课程,部分学校劳动课程流于形式

在任课老师方面,60.5%的被调查学校是有专任老师上劳动课程,也有20%的学校是由科任(语文、数学、英语、品社等)老师给学生上课,甚至有3.0%的学校是由校外人员上课,还有16.6%的学校处于无人上课状态(如图5)。在这一部分学校劳动教育往往被升学压力排挤在一边,流于形式。师资队伍的不健全也是导致现代劳动教育成效弱化的一个重要因素。

图5　劳动教育师资力量构成情况

三、学生对于进行家务劳动的态度整体较好,但存在个体和性别差异

在对家务劳动的态度方面,多数学生愿意帮助家里做家务且认为不会耽误学习。大多数学生都表示愿意帮助家长承担一定的家务劳动。超过五成的女生经常帮助父母做家务,比男生高9.3个百分点。有时候帮助家里做家务的比例达到三成,其中,女生占33.0%,男生占37.3%,偶尔或者从不帮家里做家务的占比不到两成,其中女生占13.1%,男生占18.1%(如图6)。在对家务是否会影响学习的调查中,男生中 10.1% 的同学认为会影响学习,比女生高 3.1 个百分点。绝大部分学生都认为适当的家务不会耽误学习,只有少数认为劳动影响学习。目前只有少数的学生认为参加劳动可以促进学习,他们认为劳动后产生的愉快情绪和成就感可以推动学习效果提升。而大多数学生认为目前的劳动形式比较单调,缺乏科技性、知识性。教师和家长在引导学生参加劳动时并没有将其与学习、个人身心发展、成长成才相联系,也是造成学生认为劳动和学习相分离的影响因素。

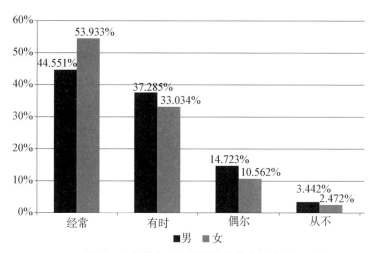

图 6 中小学生在家里帮父母做家务情况

第三节 劳动教育模式的现状

近年来,各地区各学校把推进劳动教育作为推进教育综合改革的重要内容之一,在创新的劳动教育的课程、形式等方面开展了积极探索,但目前劳动教育与研究性学习相结合、与职业教育相融合等方面的探索仍然处于起步阶段。

一、亲身体验是较好的劳动教育方式,能够增强道德责任感,但中小学生对此存在明显认知差异

当人们逐渐意识到青少年动手操作能力和创新意识下降主要是因为参加的劳动太少时,人们开始正视当前劳动教育所面临的困境和问题。调查结果发现,学生认为劳动教育的方式急需改变。问卷提供了家务劳动,劳动知识的教育,劳动技能的培养,亲身体验劳动、进行劳动实践和其他这 5 个加强劳动教育的选项。其中,选择通过亲身体验劳动、进行劳动实践来加强教育的占比最高,达到了 64.3%;其次是家务劳动,占比 60.8%;然后是劳动技能培养,占比为 58.2%;排在最后的是进行劳动知识的教育,比重为 45.0%(如图 7)。学生对于劳动方面的教育的倾向是加强动手实践为主,而不是重视知识理论方面的教育。因此,对中小学生的劳动教育还应当重实践,从实际出发来提高中小学生的劳动能力和劳动水平。

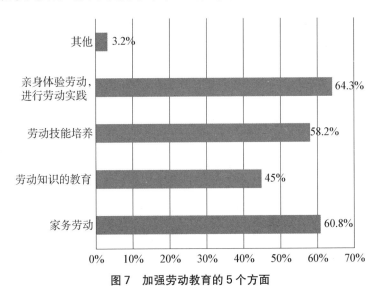

图 7　加强劳动教育的 5 个方面

　　关于学生对于劳动教育的意义的认识这一问题,劳动教育的主要任务是培养学生正确的劳动观点;培养学生正确的劳动态度,培养学生具有良好的劳动习惯、艰苦奋斗的作风,遵守劳动纪律,爱护劳动工具,珍惜劳动成果,抵制不劳而获、奢侈浪费等不良思想倾向;使学生获得工农业生产基本知识技能。[①] 在此次关于劳动教育意义的问卷调查中,接近七成的学生觉得进行劳动教育能够增加道德责任感,具体占比为 74.4%,另外有 55.0% 的学生认为可以培养观察力、创造力,还有 52.9% 的学生觉得劳动是可以增强体质、锻炼意志的,最后还有 33.0% 的学生认为劳动可以陶冶情操、59.2% 的学生认为可以培养良好的行为习惯和 8.7% 的学生认为可以获得幸福感。此比值在男女生中和是否独生子女中差异不大,在不同年级中稍有差异。由于年级不一样,对劳动的意义的认识也不一样,小学生中认为劳动可以增强道德责任感的较多,占比为 66.8%,其次是培养观察力、创造力和增强体质、锻炼意志,分别占比为 47.8% 和 42.7%,小学生中只有 19.0% 的认为劳动可以陶冶情操,在这个选项上比中学生低了 27.1 个百分点,初中生认为可以陶冶情操的比重为 46.1%,高中生为 38.7%。另外,高中学生认为劳动可以增强责任感的超过八成,初中生也将近八成,其中具体为初中生占比 78.6%,高中生占比 81.0%(如图 8)。

二、多数学生对劳动岗位和劳动成果的认识比较客观,但有群体差异

　　调查发现,性别、年级和是否独生子女都会影响学生对于劳动岗位的认识和理解。男女生对于劳动岗位和劳动成果的认识存在轻微差异。81.8% 的女生没有对劳动产生低贱之分,比男生高 5.8 个百

---

① 　王爽.当代小学劳动教育现状及问题研究[J].群文天下,2012(2):125—126.

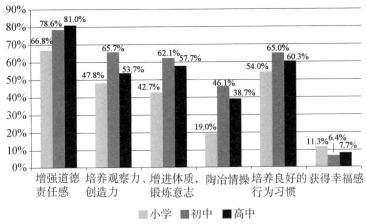

图8　不同年级学生对劳动教育的意义的看法

分点。男生中11.5%对劳动有低贱区分,比女生高出4.1个百分点。还有12.5%的男生和10.8%的女生对此表示不了解。在独生子女方面,超过八成的独生子女认为劳动是没有低贱之分的,非独生子女认为没有低贱之分的只占到了73.2%,同时,独生子女中对劳动有偏见的为10.4%,比非独生子女高出2.7个百分点。非独生子女中仍然有19.1%的对此不清楚。在年级中,对劳动岗位没有低贱之分的比例最高的是初中,为85.2%,其次是高中为76.9%,最后是小学,75.3%的小学生对劳动没有偏见。另外,认为劳动有低贱之分的比例最高的是高中,比例为14.7%,是小学的7.6%和初中的7.1%的总和。由此可见,年级越高,对劳动的偏见也会越大(如图9)。

独生子女中九成的学生表示能够珍惜他人的劳动成果,而非独生子女中也有84.6%的学生能够珍惜他人的劳动成果。而从性别方面看,85.8%的男生和91.3%的女生表示能珍惜别人的成果。在不同的年级中,珍惜他人劳动成果的比重也高于85.0%,其中,小学为86.7%,初中为89.0%,高中为89.6%(如图10)。总体来说,学生们对于劳动成果来说都是非常尊重的,能够珍惜他人的劳动成果。

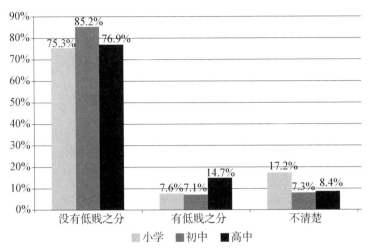

图9　不同年级学生对劳动岗位和劳动成果的认识

是否珍惜他人劳动成果

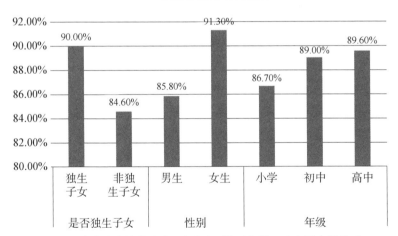

图10　珍惜他人的劳动成果与年级、性别和是否独生子女的关系

三、学生选择未来劳动方式明显倾向脑力劳动,存在轻视体力劳动的现象

劳动教育的职能之一就是要为学生未来的职业发展奠定一定的基础。因此职业教育的内容应该包括在学校劳动教育之中,更要渗透于课程中。调查发现,大部分学生长大后的人生规划是当一名企业家,比例高达 57.6%,其次是做一名医生或者老师,占比为52.0%,再次是公务员,比例为 20.6%,最后是做一名有技术的工人、农民,占比 13.1%。但是这个比例在男生和女生中出现了极大的不统一,女生中,有 36%的学生未来规划是做医生或者教师,而这类职业男生中仅占了 16%,比女生少了 20 个百分点。与此同时,男生中想要做企业家的比例为 36.3%,比女生高 15 个百分点,并且男生中想要做一名技术工人或者农民的比例也比女生高 6.7 个百分点,9.9%的男生愿意在未来做一名技术工人,仅仅只有 3.2%的女生愿意做此工作(如图 11)。原因在于,作为女生更偏好稳定一些的工作,医生和教师这类职业对于女生而言是较为稳定的,而且相比较而言女生更为细心和有耐心,医生和教师这类职业更适合于女生未来

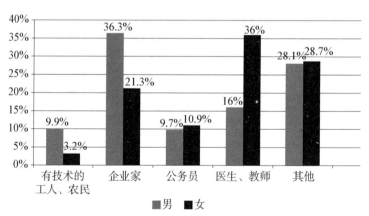

图 11 男生和女生的未来规划

的工作。而相比较技术工人而言,女生可能会觉得体力活儿比较多一些,会比较辛苦。相比较而言,男生会比女生更具有挑战性,更想要丰富多彩的人生规划和人生目标,因此男生的未来规划较之女生要多样化一些。

通过劳动教育,让学生逐渐形成正确的劳动观念,尤其是尊重劳动和劳动者,将为他们的未来职业选择提供思想前提。社会物质文明的发展必然要求有一部分人能做平凡的农民、平凡的工人,能够全身心地投入到工农业的物质生产中去。在教育功利化倾向日益严重,人人追求高学历以跳出农门、工门的大趋势下,需要越来越多的学生意识到劳动、职业技术教育对中国明天的重大作用。[①]

第四节　劳动教育机制的现状

劳动教育存在边缘化、片面化、分离化的现象,育人合力机制尚未形成,劳动教育与生活相结合、向社区与家庭延伸仍显不足,直接影响了劳动教育的效果。

一、劳动教育有所渗透进生活,但渗透程度总体较弱

在劳动教育的生活化渗透方面,我们在调查问卷中设计了这样一道题目,"你所在的劳动课上都学习什么?"并给出了家政、烹饪、园艺、手工等多个选项供学生选择,发现在不同的年级段学生劳动课学习的内容有所不同。在小学阶段半成以上的学生都选择了学习手工,而在初中阶段学生才开始主要学习家政和烹饪以及园艺,比例分别为 59.6% 和 63.0%、55.4%。到高中阶段,学生的劳动课主要被

---

① 马英.中小学生劳动教育的价值探析[J].华中师范大学研究生学报,2004(6):61—64.

其他科目所抢占(如图12)。而高中阶段本该是劳动教育进一步深化为日后的职业教育的阶段,但这一学段的劳动教育却缺失了。可见多数学校劳动教育,尤其是更高的年级段,在从学生的现实生活出发,从学生的切身实践出发,融入学生的家庭及社区生活这一方面做得比较薄弱。

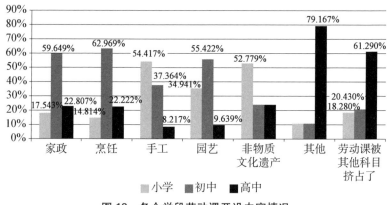

图12　各个学段劳动课开设内容情况

　　每逢节假日和周末,许多中小学生都在家长陪同下,到处补课。"其实,中国学生最该补习的是'劳动课'。"辽宁何氏医学院院长何伟接受记者采访时,向记者提供了这样一组数据:某县妇联对一所重点中学高一学生作了一次调查,从没洗过衣服的占79%,不会或不敢使用电饭锅、液化气炉的占67%。"由此可见,我国青少年劳动教育缺失问题,已到了令人担忧的地步。"①

二、劳动教育基地平台欠缺,且缺乏多样性

　　在劳动基地建设方面,调查中发现,校外社会实践所占的比重最

①　毕玉才. 专家指出中国学生应该补习"劳动课"[N]. 光明日报,2015 - 04 - 08(6).

低,仅占比 21.3％,当然学生校外实践机会的欠缺与劳动教育基地建设不够完备有关,学生校外的劳动实践缺乏一定的活动场域。另外,还有一部分的学校没有专门的劳动教育场地。可见学校在校外社会实践方面仍然有待提高。而在学校的劳动活动形式方面也以卫生大扫除和完成劳技课作业为主,参观农场、工厂,认领绿植或责任田占比均仅为 12％左右。可见学校在劳动基地建设方面做得还远远不够,或者在依托劳动基地建设给学生提供劳动实践机会方面还有待进一步拓展。活动的丰富才能增加学生对于劳动的热爱,改善他们对于劳动的观念,调动学生的积极性和参与热情,增加学生的本领,提高素养。

三、劳动教育能较好地融入其他学科,但学生在社区活动参与度不高

在劳动保障方面,劳动教育与其他学科融入的情况很乐观,在其他课程上课的老师中会给学生渗透劳动方面的思想的比重为85.7％。但同时如何将劳动教育更进一步更好地融入其他学科,探索这种融入可以总结传承的经验也是我们要进一步思考的。

根据调查,学生的校外劳动主要以家务内容为主,形式较为多样化,例如,扫地拖地,整理房间和物品,穿衣叠被等。但是学生走出家门,面向社区的活动较少,参与社区公益活动比例仅为 4.7％(如图13)。这在青少年劳动教育方面是应该得到密切重视的。当然,这与学校或父母安排学生参加家务或者社区劳动并不频繁也是有关联的,超过五成是偶尔安排的,为 54.9％,只有 26％的会每周安排学生参加劳动,还有 19.1％的家长不安排学生参加。因此,学校或者家庭要多组织学生参加社区劳动,在校外参加劳动更能激发他们的自主意识,提升他们对社区的认同度、归属感和责任感。每个学生的背后都有一个家庭,看到其他学生的服务奉献精神也会带动父母督促自

己的孩子参与社区的活动之中,同时精神的愉快也会让人把更多的心思投入学习和生活,好好建设保护除了自己小家庭以外的"大家"。

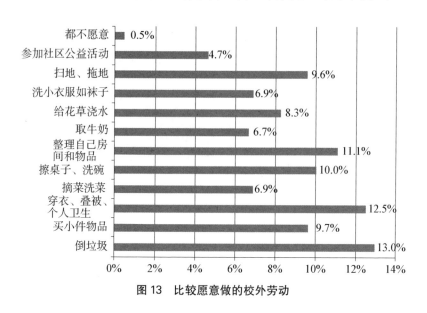

图13　比较愿意做的校外劳动

四、学校和家庭重视家校互动,但尚未形成家校互动的合理化机制

在家校互动方面,有超过60%的学校劳动教育课会经常在一些节日(比如:父亲节、母亲节、劳动节等等)要求学生帮助父母。可见,学校已经认识到了,仅仅依靠自身力量对学生来进行劳动教育是远远不够的,而要想劳动教育真正发挥实效性就必须与家庭教育结合起来。

但是学校并未对家长进行合理正向的引导,在与家庭的沟通方面欠缺科学的机制。有部分家长把学业成绩当成评价孩子优秀程度的第一标准,只要孩子学习好,家里什么活都可以不用干,这就导致劳动在家庭教育中逐渐淡化,从而造成了当今的学生除了读书考试以外,其他的什么都不会干的局面。赚钱靠脑力的观念深入人心,体力劳动和生产劳动也就逐渐被淡化了。父母对于孩子参加劳动的态度方面,多数家长认为出劲长劲,累不着孩子,持这种观点的家长占比例为 42.6%,也有 24.8% 的家长认为只要学习搞好了,其他的都不用孩子们管。甚至有 14.7% 和 17.9% 的家长有上学是为了升学和别当大头的想法(如图 14)。家长不重视家务劳动或者不愿让孩子干家务,使孩子在家庭中缺乏劳动实践的机会,承担的劳动量远远不足,劳动经验积累不够。根据调查发现,在当学生以学习等为借口拒绝做家务时,20% 的家长会要求孩子不得以任何借口为理由而不做家务;16.8% 的家长会告诉孩子如果做劳动可以获得一些想要的礼物;24.9% 的家长会用现身说法,向孩子讲述自己小时候的劳动经历;仍然还有 24.8% 的家长会不勉强,认为孩子还小做不做无所谓。在孩子找理由逃避家务时,独生子女家庭不勉强的比例高于非独生子女家庭,独生子女家庭占比 26.9%,非独生子女家庭占比 19.7%。而在不得以任何借口为由而不做家务方面,非独生子女家庭比例比独生子女家庭比例高出 2.8 个百分点。由此可见,拥有一个孩子的家庭对于孩子的放任度高于拥有多个孩子的家庭,独生子女家庭对于子女的关爱度往往更多,而非独生子女由于家庭子女的数目多,来

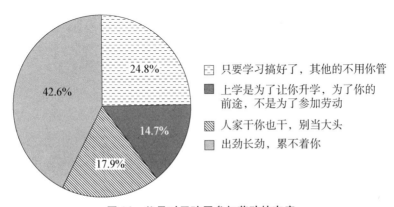

图 14　父母对于孩子参加劳动的态度

自于家庭的关爱会被分摊到多个子女身上,导致关爱程度不一致。倘若学校能搭建家校互通的平台,对父母对孩子进行家务劳动的观念进行正确的引导,家庭在对学生劳动教育方面的作用将会得到大幅提升。

第五节　学生个人对劳动教育的认知现状

形成正确的劳动意识与学生的成长成才密切相关,也关系到社会主义事业的继承与发展。通过调研发现,当前学生多数愿意参加劳动,但也存在部分轻视劳动、不愿意劳动、不尊重劳动者、不珍惜劳动成果等现象。

一、大多数学生表示愿意参加劳动,但存在性别差异

无论是男生还是女生,大多数都表示自身是愿意或者非常愿意参加劳动的,其中非常愿意参加劳动的女生比例为44.5%,男生为40.7%,愿意参加劳动的女生比例为30.11%,男生为28.6%,表示有时候愿意打扫的女生比例为20.9%,比男生低2.7个百分点,非常不愿意打扫卫生的男生比例比女生高1.4个百分点(如图15)。相比较在学校劳动,学生在校较在家庭中劳动更为积极,按照前面所提到的87.9%的女生和80.5%的男生表示很乐意在学校打扫卫生,这个比例比在家劳动高出一倍之多。可见,学生在学校中的劳动容易受群体影响,如果校内劳动是富于生气、意义明确和饶有趣味的,将会达到更好的教育成效。是否为独生子女在是否愿意参与劳动中表现差异不大,分别有41.0%的独生子女和46.3%的非独生子女表示非常愿意参加劳动,29.1%的独生子女和29.8%的非独生子女表示愿意参加劳动,24.7%的独生子女和16.5%的非独生子女表示有时候愿意,3.6%的独生子女和4.8%的非独生子女表示不太愿意,而仅有

1.6％的独生子女和2.6％的非独生子女表示非常不愿意参与劳动。总体看来,非独生子女参加劳动的意愿度高于独生子女的意愿,原因也可能是由于独生子女父母对孩子的宠爱程度不同,非独生子女在家里帮助父母劳动的机会更多一些。

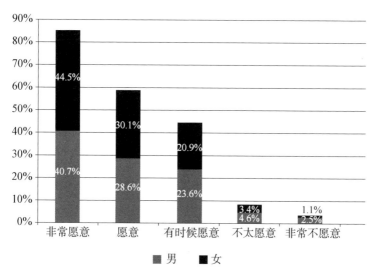

图15　参加劳动的意愿与性别的关系

二、多数学生能处理好劳动与学习的关系,但也有部分学生以学习之名逃避劳动

在如何处理劳动与学习的关系上,独生子女中有86.1％的表示能够在搞好学习的情况下,做一些力所能及的劳动,与此对应的非独生子女的比例为85.6％。同时也有11.6％的独生子女和10.7％的非独生子女认为应该专心学习,放弃参加劳动的机会,最后2.3％的独生子女和3.7％的非独生子女会经常以学习之名逃避劳动,因为他们认为学生的主要任务是学习而不是劳动。这可能是由于独生子女家庭对孩子未来的期望比较高,所以对学习的重视度也比非独生子

女的家庭更高,毕竟孩子成绩的好坏会影响未来的发展。而这一倾向在性别上也存在较大的差异,女生更愿意在搞好学习的情况下,做一些力所能及的劳动,其中持这一看法的女生比例为91.9%,相比较男生而言,高出11.1个百分点。还有15.4%的男生认为应该专心学习,放弃参加劳动的机会,3.8%的男生会经常以劳动之名逃避学习。6.7%的女生认为应该专心学习,放弃参加劳动的机会,1.3%的女生会经常以劳动之名逃避学习(如图16)。这也反映出当今教育仍然是把学习教育放在重中之重,唯成绩论者甚多,注重的还是学生的语数外等考试相关科目的成绩而非劳动方面的能力。

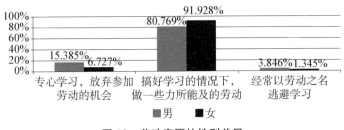

图16　劳动意愿的性别差异

三、超过六成的学生认为劳动后虽然很累但是很开心,年龄越小越能体会劳动幸福感

超过六成的学生表示,劳动后感到很累,但是很开心,比例为69.4%,中小学生劳动后体验到愉快情绪和情感,还有26.4%的学生表示劳动后感觉一般,没有什么感觉,剩下的4.1%的学生不喜欢劳动。这个比例在男女生中性别差异不大,但是在不同年级中差异却比较明显。85.4%的小学生表示劳动虽然很累但是却很开心,小学生比中学生有更多的人有这种积极正面的情绪和情感,调查表明小学阶段教师、家长对学生关于劳动的赞扬要比中学阶段多。72.0%的初中生有同样的感受,而只有46.5%的高中生在劳动后有开心的

感觉。可见,高年级的学生自我意识已经比较清晰,也开始关注自己的发展,对外界的情绪反应更为复杂,所以对外部评价的接受也不像低龄阶段时那样比较单纯。这一阶段教师和家长要更多地关心和尊重他们的行为,对他们在行动上的进步要及时给予激励,这样更能使学生产生积极愉快的情绪、情感体验。表示对劳动没感觉的高中生占了 48.2%,初中和小学各占各自群体的 24.8% 和 10.7%。不喜欢劳动的小学生占 3.9%,初中生占 3.2%,高中生占 5.4%(如图 17)。由此可见,在参加劳动的过程或者劳动之后,大多数学生都是感到愉快的,有着良好积极的情感体验。如果教师或者家长能经常通过劳动激励和激发这种情感体验,就会使学生在劳动中得到正向的情感激励,从而推动他们去积极行动。因此,学生能够在劳动中获得愉快的情绪体验是提升劳动认知、促进劳动行动、养成劳动习惯的重要环节。另外,有 76.1% 的小学生能够在完成自己分内的劳动任务后主动协助他人完成劳动任务,这个比例在初中生中占比 71.6%,而在高中,只有不到六成的高中生会在完成自己任务后去主动帮助他人

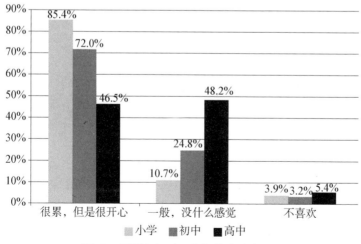

图 17　不同年级对于参加劳动后的感觉

完成劳动。而剩余的 10.5％的小学生、9.6％的初中生和 19.1％的高中生都表示不会主动去协助他人完成任务。

四、中小学生对各自的劳动能力评价都较高,独生子女对自身劳动能力评价略高于非独生子女

在劳动能力方面,虽然有超过七成的同学感觉自己的劳动能力较好(其中认为自己劳动能力很好的占 29.5％,较好的为 46.0％),但是还有一部分同学认为自己劳动能力一般,占比 22.6％,还有 2.0％的同学认为自己劳动能力很差(如图 18)。这组数据说明中小学生虽然对劳动知识有一定的了解,相当一部分学生也持有正确的劳动观念,但是却自认为自己的劳动能力不行,对劳动技能掌握不够,对劳动的认识还不够充分全面等。其中,分性别来看,女生觉得自己能力很好的有 28.0％,较好的有 48.2％,一般的有 21.7％,很差的有 2.0％;男生觉得自己能力很好的有 31.0％,较好的有 44.2％,一般的有 22.9％,很差的有 1.9％。从年级上看,小学生觉得自己劳动能力很好的比例较高,有 33.5％,初、高中生觉得自己劳动能力很好的占比均为 27％。在感觉自己劳动能力较好的学生中,初中生占比最高,为 49.3％,其次为小学生,占比为 45.2％,最后为高中生,为 44.1％。认为能力一般的小学生占比 19.2％,初中生占比 22.7％,高中生占比 26.1％。最后,认为自己目前的劳动能力很差的小学生占比 2.1％,初中生占比 1.1％,高中生占比 2.7％。无论是否为独生子女,认为自己目前劳动能力很好和较好的占比均高出六成,其中独生子女感觉自己能力很好的有 30.4％,非独生子女 27.2％,感觉自己目前劳动能力较好的独生子女占比 46.7％,比非独生子女高 1.8个百分比,认为自己能力一般的独生子女占比 21％,比非独生子女低 4.7 个百分点,最后认为自己目前的劳动能力很差的独生子女占 1.9％,非独生子女占 2.2％。

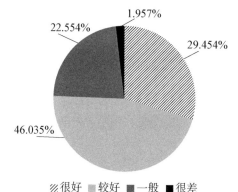

图 18　对自身劳动能力的评价情况

五、对劳模个体的认识有限,但对劳模群体形象认可度高

社会学家艾君把劳模定义为:"劳动模范是工人阶级的优秀代表,是民族的精英,国家的栋梁,社会的精英,人民的楷模。"劳模精神中不仅蕴含着艰苦创业的精神,还有无私奉献、尽职尽责的精神,以及良好的职业道德素养和爱岗敬业精神。优秀的劳模也会为中小学生树立良好的标杆,使他们向劳模学习,为创造社会价值,创造财富,创造自己的一份力量。

调查发现,中小学生中对劳模王进喜了解的人数是最多的,占了一半,其次是劳模李斌,比例为 47.3%,再次是劳模包起帆,有32.4%的学生了解他,最后是 26.9%的人了解劳模时传祥。对劳模的了解程度在各个年级中反应不一样,了解劳模王进喜的是中学生较多,分别为初中生 54.6%,高中生 61.2%,均超过了半数,小学生占了 38.8%。对劳模时传祥的了解度三个年级相差不大,其中初中生最多,占初中生人数的 28.8%,其次是小学生,占比 27.3%,最后是高中生,占比 24.5%。而对于劳模李斌的认识中,最高的是小学生,占比 55.7%,其次是初中生,占比 49.6%,最后是高中生,占比31.8%。对于最后一个劳模包起帆,了解最多的是初中生,达到了

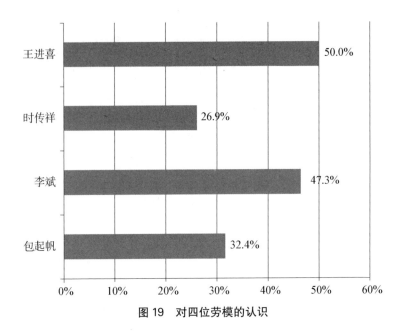

图 19　对四位劳模的认识

40.0%,其次是高中生,占比 31.8%,最后是小学生占比 27.6%(如图 19)。可见,中小学生对劳模的认识还是很有限的,因此还需要在中小学生中加强劳模的宣传力度。

在针对劳模形象的问题上,超过七成的中小学生认为应该要有艰苦奋斗的精神,具体占比为 75.8%,其次是认为劳模应当有勇于奉献社会的形象,比例为 63.0%,还有 46.6%的学生认为作为劳模应该有时代先进精神,35.6%的学生认为劳模应当要有淡泊名利的形象。从性别来看,在男生与女生之中,认为劳模最应当具有的形象也是有艰苦奋斗精神的占比最高,均超过 70.0%,其中男生为 74.0%,女生为 77.8%,其次是勇于奉献社会精神,男生为 60.4%,女生为 66.1%,最后是时代先进精神和淡泊名利的形象。男女生看重时代精神中,男生占比 47.0%,女生占比 45.7%;淡泊名利作为劳模形象

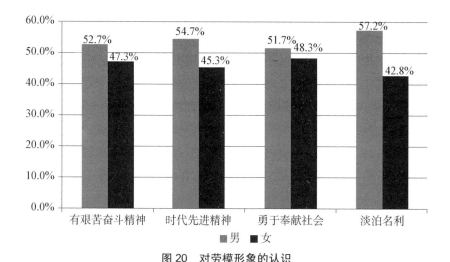

图 20　对劳模形象的认识

中,男生占比 37.9%,女生占比 33.2%(如图 20)。这说明中小学生整体的价值观是积极向上的,对劳模形象的认识具有一致性。

六、广泛认同劳动的重要性,但对工匠精神的认识较为模糊

让调查对象对劳动的有关说法根据其认同程度从 1—5 进行打分,分值越高代表对有关说法的认同程度越高,统计分析发现中小学生对有关劳动说法的认同程度均值为 4.43,总体认同程度比较高。但是从不同角度看又存在差异。从性别上看,女生对劳动的有关说法的认同程度大于男生(女生平均得分为 4.49,而男生平均得分为 4.38),原因可能在于女生对于劳动更加热爱一些。从年级上看,虽然各个年级的均分都高于 4.0,属于认可程度较高及以上,但是年级差异性依然存在,初中生对于劳动的有关说法认可度最高,平均分达到了 4.50,其次是小学生,均分为 4.42,最低的则为高中生,为 4.37分,独生子女的平均分高于非独生子女,其中独生子女平均分为 4.45分,非独生子女平均分为 4.37 分(如表 1)。

表 1   不同类别的学生对有关劳动说法的认同分值

分类标准	类别	总分均值	平均分均值
性别	男	39.4	4.38
	女	40.4	4.49
年级	小学	39.75	4.42
	初中	40.49	4.50
	高中	39.34	4.37
是否独生子女	是	40.01	4.45
	否	39.34	4.37

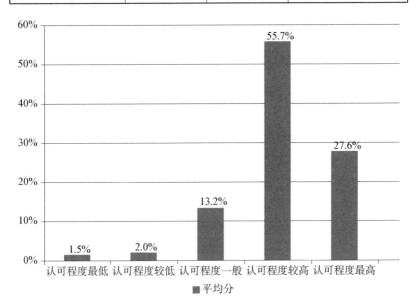

图 21   对有关劳动说法的普遍认可程度

调查可见,对 9 类说法普遍认同较高,认可程度较高的达到了 55.7%,认可程度最高的达到了 27.6%,认可程度一般的也有 13.2%,认可程度最低和较低的分别只有 1.5% 和 2.0%(如图 21)。

具体如下：中小学生对于各个劳动说法的认可程度都是较高的,其中,对"劳动是中华民族的传统美德"的认可程度最高,达到了82.8％,其次是对"自己的事情自己做"这一看法,对其的认同程度最高的比例达到了 80.8％,对"学校应该开设劳动课"的看法,有71.0％的学生认可,认可程度较高。由此可见,学生对于劳动课的需求还是较大的,进行劳动教育也是学生成长的需要。另外,对于"劳动永远是人类生活的基础,是创造人类文化幸福的基础""劳动光荣,勤劳最美"和"劳心者治人,劳力者治于人"的看法认可程度最高的也均超过了七成,分别为 72.5％、77.9％和 71.8％(如图 22)。

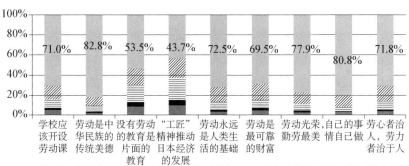

图22 各个年级对于有关劳动说法的认可程度

总体看来,当前劳动教育开展的现状、取得的成绩以及已有的一些经验都是值得我们肯定的。例如在劳动教育课程上,多数学校都是按照课程要求开课,也有教育部统一的教材内容,劳动课程开展形式多样;在劳动资源上,大多数学校都能为劳动教育课程提供专门场所以及配置专任老师;在劳动机制上,劳动教育已经渗透进生活,也能较好地融入其他学科,学校和家庭之间也重视家校互动;在对劳动的认知方面,学生的态度也是较为积极的,他们能广泛认同劳动的重要性,表示愿意参加劳动,能处理好劳动与学习的关系,认可并崇尚劳模。但是,通过调查,我们也发现了一些问题,例如从校内课程安排来看,有部分学校的劳动课程存在被占用的情况;有些学校在劳动的师资、劳动场地、经费上存在困难;有的学校劳动教育缺少教学计划,缺乏考核机制;有的教师甚至把劳动作为教育惩罚手段;在劳动课程设计、教学实施方面往往千篇一律,缺乏个性化设计,劳动实践活动较为单一;部分学校劳动课程流于形式,劳动教育基地平台欠缺,且缺乏多样性;家校互动的合理性机制尚未形成,学生在社区活动中参与度不高;学生对劳动的认知存在个体和性别差异,学生选择未来劳动方式明显倾向脑力劳动,存在轻视体力劳动等现象。就家庭层面而言,劳动教育存在被忽视的处境,体力劳动或者生产劳动常常被认为是学业成绩提升的障碍,家长们持有"好好学习,其他的啥也不用管"的观念较为普遍。从社会层面来看,目前存在部分青少年贪图享受、梦想一夜暴富、"躺平""啃老"、看不起体力劳动者等现象。在劳动教育的课程安排、内容设置、模式选择、资源和保障机制的利用上都有待于进一步改进。根据美国哈佛大学的学者们在进行了长达二十多年的跟踪研究后得出的结论:爱干家务与不爱干家务的孩子相比,失业率为1∶15,犯罪率为1∶10,离婚率与心理患病率也有显著差别。研究发现,不论智力、家庭收入、种族背景或教育程度如何,那些童年时参加劳动的人比那些不劳动的人生活得更愉快。① "作为人全面发展的一个不可分割的部分,劳动教育的重要性显而易见。"正是这些问题的存在为我们构建学校、家庭、社会共育的新时代劳动教育体系指明了方向。

---

① 曹秀玲.和家长谈谈孩子家务劳动能力的培养[J].山东教育,2007(12):41—42.

第五章 国外劳动教育的
实践探索

　　国外劳动教育主要存在两种源流与两种模式,认识与学习这两种源流与模式,对促进我们了解国外的劳动教育以及实践有着重要的意义,有利于审视我国的劳动教育,并在其中借鉴适合我国劳动教育发展的有利方面。

第一节　国外劳动教育实践的两种源流

　　现代学校制度产生以后,教育就变得专门化,与生产劳动逐渐分离,近代职业教育产生以后才结束这种分离状态。但是在职业教育产生后,普通中小学与校外生产劳动的分离状态并未改变,实施的依然是纯粹的知识教育和学术教育。直到19世纪末、20世纪初,随着国外教育改革的发展和推动,学校教育逐渐向现代教育转变,此时劳动教育开始引入学校教育体系。从发展的源头来看,将劳动教育纳入普通学校有两个源头:一个来自于西方国家,一个来源于苏联。

一、西方国家的劳动教育实践
　　西方国家劳动教育的探索主要是沿着瑞士教育家裴斯泰洛齐、德国教育家凯兴斯泰纳、美国教育家杜威的思想理论和实验实践发展而来的,创立了"劳作学校"模式和"做中学"模式。[①]

---

① 张德伟. 国际中小学劳动教育初探[J]. 中国德育,2015(16):39—44.

（一）裴斯泰洛齐的劳动教育实践

裴斯泰洛齐是 19 世纪瑞士著名的民主主义教育家，他将一生奉献给了教育事业。他热爱教育事业，追求教育的革新，在教育理论上有许多独创的论述，并且他还是西方教育史上第一位将"教育与生产劳动相结合"这一思想付诸实践的教育家。[①] 他的教育实践是通过创办孤儿院，对儿童进行教育，这样不仅可以使他们具备劳动能力，适应社会环境，以便日后生活，而且还可以培养儿童德、智、体全面发展，使儿童成为一个真正的人。

裴斯泰洛齐的劳动教育有一个发展变化的过程，刚开始时他是将劳动与机械技术教育进行结合，随着时间的推移他逐渐认识到劳动教育在人的培养方面有重大价值，开始将劳动与体育、智育、德育等联系起来。他认为，每一个人都具有一些自然所赋予的潜在能力，并且这些能力都具有渴望发展的倾向，教育的目的就在于全面和谐地发展人的一切潜在能力。他的劳动教育就建立在教育适应自然这一原则的基础之上，劳动教育就是为了培养人的自然能力。[②] 他认为，教育不仅是向儿童传授知识并发展他们的智力的过程，还必须是发展他们的手艺、活动技巧的过程，以及发展他们的道德、德性、心性的过程，三者密不可分。[③] 他的劳动教育思想与实践对今后劳动教育的发展奠定了基础。

（二）凯兴斯泰纳的劳作教育实践

凯兴斯泰纳，德国教育家，他对劳动教育的贡献主要是倡导建立劳作学校以及培养劳作学校精神，这为德国的职业教育奠定了基

---

① 高媛. 找寻道德教育的初心——回归裴斯泰洛齐的"要素教育"[J]. 教育，2019 (15)：48—49.

② 张天若. 创生教育从理论到实践[J]. 当代教育科学. 2015(8)：37—40.

③ 经柏龙，周佳慧. 裴斯泰洛齐劳动教育思想之精髓及其解析[J]. 沈阳师范大学学报，2021(1)：115—119.

础。① 他对教育事业的重要贡献主要体现在提出了劳作教育的思想，主张通过性格陶冶来培养有劳动技术、愿意服从管理的工人，以解决资本主义生产劳动力的问题。他所开办的劳作学校，以性格教育为主要目标，把劳作课作为必修课程，鼓励以实践来培养劳动兴趣。他特别强调要通过劳作教育培养尊重劳动的观念，重点要关注学生的内存价值与性格培养。

凯兴斯泰纳之所以要倡导建立劳作学校，主要的原因是他认为在德国绝大多数人适合体力劳动，极少数人适合脑力劳动，他主张对不同的人要施行不同类型的教育。因此，他提出在德国建立双轨制学校体系，一方面要把国民学校改造成劳作学校，对从事体力劳动的人进行专门的职业训练，另一方面要为少数特权阶级子弟设立专门的中学，培养社会统治管理的人才。② 凯兴斯泰纳把国民学校改为劳作学校的具体措施，就是在每所国民学校内进行实在的工作计划，增设实习工场、校园、烹调室、缝纫室、实验室等，以便系统地培养学生体力劳作的兴趣、习惯和技能。③ 在劳作学校里，他把劳作教学作为一门独立的学科，聘请受过技术训练的教师进行具体指导，以收到更好的教学效果。④

凯兴斯泰纳将劳作教育与公民教育紧密联系起来，他认为劳作教育是公民教育的基础，是为公民教育服务的。劳作教育主要以性格陶冶为主，他为劳作学校提出了三项基本任务：进行职业的陶冶或职业陶冶的准备；职业陶冶的伦理化；个人所在团体的伦理

① 马希良.凯兴斯泰纳的劳动教育与启示[N].中国教师报，2019-05-01(13).
② 张念宏.教育学辞典[M].北京：北京出版社，1988：79.
③ 凯兴斯泰纳.工作学习要义[M].上海：商务印书馆，1935：21.
④ 方田古，唐河.中国学生教育管理大辞典[M].北京：北京师范学院出版社，1991：122.

化。① 他所提出的伦理化,就是指:"由个人内心体验价值的增长而自愿做自己应该做的工作。给学生以性格的陶冶,能够使学生养成较好的适应力、工作的兴趣和本领,更好地完成国家公民的义务。"② 凯兴斯泰纳还在慕尼黑市创办了一些补习学校,招收企业的工人,给予为期 2—3 年的补习教育,要求企业主允许本企业工人每周用空闲时间学习 8—10 小时,同时给工人以公民教育的训练,使其安心地为企业主进行生产,给企业主创造更多的利润。在凯兴斯泰纳的影响以及资产阶级的赏识下,德国各地都设立了劳作学校,曾形成一种新的教育运动。他的"劳作学校"理论极大地推动了 20 世纪初德国职业教育的发展,进而推动了德国经济和社会的前进。③

(三) 杜威的"做中学"

约翰·杜威,美国哲学家、教育家,实用主义的集大成者。④ 20世纪初,当时正值美国工人运动迅猛发展要求普及教育之际,杜威的"做中学"教学理论的提出,对于培养文化水平不高、技术水平要求不高的产业工人很是适用。⑤ 杜威认为,"做中学"(Learning by Doing)就是"从活动中学""从经验中学",它使得学校里知识的获得与生活过程中的活动联系了起来,儿童能从那些真正有教育意义和有兴趣的活动中学习,从而有助于儿童的成长和发展。⑥ 杜威提出"做中学"理论,其实是在批判传统学校对学生主要采用"静坐""静听"等被动式教育的做法,他认为教育教学应该是通过"做"来体现。没有"做"的教育将不利于学生的成长发展,因此在教育中要特别保护学生愿

---

① 顾明远. 中国教育大百科全书(第 2 卷)[M]. 上海:上海教育出版社,2012:135.

② 凯兴斯泰纳. 凯兴斯泰纳教育论著选[M]. 北京:人民教育出版社,2003:28.

③ 单中惠. 西方教育思想史[M]. 北京:中国人民大学出版社,2017:357.

④ 刘幸.《杜威家书》:一份迟到了百年的时代见证[N]. 新京报,2016 - 09 - 10(5).

⑤ 刘广利,汤慧丽. 杜威的"从做中学"教学理论及对我国基础教育的启示[J]. 继续教育研究,2008(5):84—86.

⑥ 曾天山,顾建军. 劳动教育论[M]. 北京:教育科学出版社,2020:118—120.

意动手的意愿,重视学生动手做的实践,引导学生在"做"中学习各种知识技能。

杜威"做中学"的理论,强调直接经验在教学中的重要性。"从经验中学"是指人们在为人处世的过程中对相应的人或者事建立起快乐或痛苦的联系,从而总结和形成指导自己未来行为的经验。但是,在科学的原理和教师指导下的经验、连续性的经验、有反馈的经验,才具有教育性。杜威把教学过程看成是"做的过程",并且提出教学过程应由安排真实的情景(创设情景)、在情景中要有刺激思维的课题(明确问题)、有可利用的资料以作出解决疑难的假定(提出假设)、从活动中去证验假定(解决问题)、根据证验成败得出结论(检验假设)五个部分组成,这就是"做中学"的五步教学法。①

杜威的"教育即生活"和"学校即社会"的理论都体现了他的一种顺应儿童自然发展的观念,"做中学"理论也不例外。在《民主主义与教育》这本书中,杜威把儿童和青少年的学习分成三个阶段,并指出在第一阶段,学生的知识表现为聪明、才力,就是做事的能力。② 做中学的提出就是尊重儿童的自身特性,尊重儿童的自然发展,并且以此开始儿童的自然发展进程。杜威强调,"做中学"是学生身上天然的表现,他们天生就想做事、要工作,因此教育者需要保护天然欲望并加以引导。"做中学"也是儿童的真正兴趣所在。生长中的儿童的兴趣主要是活动,对于儿童来说,最初的重要知识就是做事或工作的能力,因此就会培养出儿童对活动的兴趣,并且儿童会用一切的力量和感情去从事使他感兴趣的活动。③ 杜威主张学生从做中去学习体验,

---

① 单中惠. 现代教育的探索:杜威与实用主义教育思想[M]. 北京:人民教育出版社,2002:341—342.

② 约翰·杜威. 民主主义与教育[M]. 北京:人民教育出版社,2001:7.

③ 刘广利,汤慧丽. 杜威的"从做中学"教学理论及对我国基础教育的启示[J]. 继续教育研究,2008(5):84—86.

并积累一定的经验和知识,他还特别强调教育者对教学内容、方法的选择以创设适合学生的教育活动,他尊重学生发展的自然规律,这就启示我们应该建立一种新型的以学生为本的教学观,在进行劳动教育的过程中,关注学生的需求与兴趣,使得学生在这种富有成效的和创造性的活动中,获得能力和牢固地掌握有价值的知识。杜威提出的"做中学"旨在改变学生单纯听的教学模式,而是让学生成为教学的主体,把握自己的学习进度和方法,他还鼓励学生与同伴在劳动中共同学习,促进学生的共同成长。传统的教育已经无法培养新时代要求的学生,因此教师要实现教学方法的转变,采用启发、研讨式教学方法,引导学生主动在做中去发现和解决实际问题,同时要采取相应的评价机制,不仅看结果,更注重学习过程的评价。

二、苏联的劳动教育实践

苏联的劳动教育实践的指导思想是马克思关于教育和生产劳动关系的学说,在这一思想的影响下苏联创立了独具社会主义国家特色的"统一劳动学校"模式,苏联教育家马卡连柯和苏霍姆林斯基对劳动教育的实践推动进一步继承和发展了这一思想。

(一)马卡连柯的劳动教育实践

马卡连柯是苏联著名的教育理论家、实践家、革命家,其教育理论是一个全面、系统而完整的体系。其中,他的集体教育、劳动教育、家庭教育理论尤其是劳动教育思想对苏联和其他社会主义国家影响深远。① 马卡连柯认为必须对学生进行劳动教育,原因就在于:第一,劳动教育有益于学生劳动能力的提升;第二,劳动教育有益于学生劳动品质的培养。学校是培养学生劳动教育的主要场所,学校的

---

① 王俊梅.马卡连柯的劳动教育思想述评[J].河南科技学院学报,2012(6):55—57.

劳动教育既包括体力劳动教育又包括脑力劳动教育。他更加强调学生的脑力劳动教育,指出要通过脑力劳动教育使学生掌握熟练的劳动技能和正确的劳动方法,在劳动过程中爱动脑筋、会劳动,能够成为拥有极强劳动能力的劳动者。^①马卡连柯认为,完善的劳动品质是指在劳动中对集体具有责任心和义务感,热爱劳动,珍惜个人与他人的劳动成果,形成关爱集体关爱他人的品质。他认为劳动不仅可以使学生的集体责任感增强,学会关爱他人,而且能帮助学生端正劳动态度,健全劳动品质。

马卡连柯不仅把学校作为劳动教育的主要阵地,而且强调学校在实施劳动教育时的科学性,并将"前景教育理论"和"平行教育理论"应用于劳动教育实践中。他所说的"前景教育"是指:"为了使集体不断发展、巩固、永葆青春活力,就要在集体面前不断提出新的任务,向集体展示出一个又一个的前景,把集体引向为新任务而作的斗争,鼓励集体在追求美好前景中不断前进。"^②这就要求教师不断给学生指出美好的前景,吸引每一个学生不断完成新的劳动任务,从而使学生通过劳动增强对集体的责任感。例如,当学生的劳动目标是修一条简易小路时,马卡连柯用更宏大的愿景来引导学生,告诉学生这项劳动任务的乐趣和好处,这样学生就有了比修这条小路更远大的理想并有了新动力。即便过程中学生们遇到了各种困难,但都因为有了这个动力驱使而顺利完成了项目,最终不仅锻炼了能力,也使自己的眼光和视野更加开阔。

马卡连柯所认为的"平行教育"是指:"教育儿童集体与教育个别儿童是同时进行的,教育集体时,不能忘记教育个人,在教育每个集体成员时,也同时教育着集体,即学生既从教师那里获得教育,又从

① 全国比较教育研究会,全国教育史研究会.马卡连柯教育思想研究论文集[M].北京:北京师范大学出版社,1988:25—26.
② 马卡连柯.马卡连柯教育文集(上卷)[M].北京:人民教育出版社,2004:23.

集体中受到教育,教育集体和教育个人这两个任务是密切联系的。"①平行理论强调在劳动教育过程中把集体作为教育对象,以集体为媒介,在教育集体的同时达到教育个人的目的。在劳动教育中学生通过自我教育和同辈之间的相互教育不断改正缺点,取得进步,使集体永葆青春活力。②马卡连柯认为,劳动教育应该是针对集体中每一个人的教育,而不单是个人。可见他的平行理论有利于培养出真正的集体主义者。

马卡连柯认为学校是劳动教育的主要阵地,同时,他认为家庭是学生劳动教育的重要辅助。马卡连柯是苏联第一个建立家庭劳动教育理论的教育家,他认为家长在劳动中的引导是必要的,家长对学生进行劳动教育时一定要注意方法的运用。③他认为请求、吩咐最能够唤起学生的劳动意愿,家长应该多用这种方法与学生沟通,这样和学校共同促进学生养成良好的劳动习惯。他倡导在家庭中家长引导学生进行适当强度的劳动,给孩子分配的劳动任务不应该太简单,也不应该太困难,而且家长可以同孩子一起完成劳动任务,使孩子体验劳动的快乐与满足感。马卡连柯的这些劳动教育思想和实践对如今的劳动教育依然有着重要的启示作用。

(二)苏霍姆林斯基的劳动教育实践

瓦·阿·苏霍姆林斯基是苏联著名的教育理论家和教育实践家,并在国际上享有盛名。苏霍姆林斯基认为,劳动教育就是在劳动中进行教育。其劳动包括美化校园的自我服务性劳动、工农业生产

---

① 马卡连柯.马卡连柯教育文集(下卷)[M].北京:人民教育出版社,2004:529—530.

② 袁玲.浅析马卡连柯劳动教育思想内涵及其现实意义[J].西部学刊,2019(7下):55—57.

③ 田洁.马卡连柯劳动教育理论对我国小学劳动教育的启示[J].基础教育科学研究,2020(6):3—4.

劳动、脑力劳动(学习)、集体劳动等。① 他提出了学校切实可行的两条劳动教育的实施途径：一是通过教学大纲所规定的全体学生的必修劳动课；二是根据学生的素质、兴趣和爱好而自愿选择的劳动，后者主要是通过课外活动小组来实现。② 他认为劳动教育最重要的是让学生爱上劳动，养成劳动的习惯，掌握劳动的本领。通过开展课外小组活动，学生能够结合自己的兴趣爱上一种劳动，同时发挥自己的才能，在这种劳动活动中取得突出的成绩，从而获得劳动带来的满足感和自豪感。

苏霍姆林斯基劳动教育思想的特点主要表现为以下几方面：第一，以人为本，通过劳动教育使学生精神上感到快乐；第二，重视劳动的创造性，通过创造性的劳动培养学生勤思考、多动脑、手脑并用的能力；第三，重视学生的全面发展，既要关注学生的能力水平发展，也要关注学生的精神世界的发展；第四，发展学生个性，通过劳动教育，使学生发现自己的长处与不足并且发现自己的兴趣。③ 为了实现学生的全面发展，对学生进行劳动教育，苏霍姆林斯基提出了很多具体可行的实践方法：树立榜样法、复习、布置集体劳动作业。复习这种方法的目的就在于培养学生的劳动习惯，在集体劳动中体会到个人对集体的重要作用，并且积极帮助他人，在一种不断进步的状态下进行集体劳动，不断实现自我的突破。

苏霍姆林斯基认为劳动教育蕴含精神目的、社会目的、品德教育目的。精神目的就是要培养学生在实际能力上、智力上和心理上做好劳动的准备，不仅要培养学生具有一定的劳动本领，而且要使其更

---

① 王剑兰.苏霍姆林斯基的劳动教育思想述评[J].韶关大学学报(社会科学版)，1993(6)：112-117.

② 苏霍姆林斯基.帕夫雷什中学[M].北京：教育科学出版社，1983：23-25.

③ 王吉吉.苏霍姆林斯基劳动教育对个性全面和谐发展的作用研究[D].哈尔滨：哈尔滨师范大学(硕士)，2017：18.

愿意从事各项劳动,把劳动看成一种乐趣,一种精神享受,一种不可缺少的日常活动和公民应尽的职责。社会目的是通过劳动和劳动教育,学生能为社会创造财富,体现出一种社会责任。品德教育目的是通过劳动和劳动教育丰富和充实人的精神生活,提高人的道德素养和有关的审美情操,培养人们的创造性劳动的态度,使劳动成为人们幸福和快乐的源泉。① 由此可以看出,苏霍姆林斯基的劳动教育思想的核心就在于培养学生的公民精神,提高和增强为公共福利、为社会、为人们的利益而劳动的责任感、义务感、自觉性和积极性;通过劳动充实学生精神生活,使其深切领会和体验劳动在个人思想上、精神上和情感上激起的巨大快乐和安慰,激发学生通过丰富多彩、鲜艳夺目的累累果实,感受到劳动的自豪感。②

　　苏霍姆林斯基的劳动教育思想继承了马克思的劳动教育思想,劳动教育的最终目的就是要培养全面、和谐发展的人。③ 而他的劳动教育思想与德育、智育、体育都是相互渗透、互相交织的,不存在单独的劳动教育。在苏霍姆林斯基这里,劳动教育上升了一个新的高度,劳动教育激发人去积极地看世界,激发人们认识周围世界,而且能以自己的智慧、自己的创造力和劳动去改造自然和改造生活,使世界变得更美好,使社会生活越来越充实。④ 他的劳动教育思想不仅给予我们精神上、道德上的指引,而且对于劳动教育的具体实施方法也给予了我们极大的启发,使我们重视自我服务,培养学生的劳动习惯,通过树立劳动榜样,激发学生的劳动热情,关注学生的集体劳动,培养学生的社会责任感,完善学生的劳动技能与技巧,注重培养学生的劳

　　① 苏霍姆林斯基.苏霍姆林斯基论劳动教育[M].北京:教育科学出版社,2019:78—80.
　　② 王天一.苏霍姆林斯基教育理论体系[M].北京:人民教育出版社,2003:118.
　　③ 苏霍姆林斯基.苏霍姆林斯基论劳动教育[M].北京:教育科学出版社,2019:64—67.
　　④ 曾天山,顾建军.劳动教育论[M].北京:教育科学出版社,2020:139—140.

动兴趣,促进学生的全面发展。①

第二节　国外劳动教育的两种模式

"二战"以后,许多国家为了恢复生产力,培养大量的劳动力,开始将劳动纳入到课程体系之中,探索出了不同特色的劳动教育模式。这些劳动教育模式大体可以分为两大类:一种是单纯课程模式,即单独开设劳动教育课程;另一类是融合模式,即将劳动融入到学校的各项教育活动中。

一、单纯劳动教育课程模式

第二次世界大战以后,苏联、德国、法国等国家非常重视劳动力的培养,因此在学校教育中注重将劳动课程与经济发展、生产建设、职业发展等关联起来,将劳动教育课程单独设置。比如,苏联在中小学中开设的劳动与综合技术教育课程,德国和法国在学校实行的劳动技术教育课程,这些课程的设置在当时大大推动了中小学劳动教育课程的技术含量,也为战后经济的恢复培养了大批技术型人才。在此以德国的劳动技术教育为例进行说明。

(一)德国劳动技术教育的目的

德国是一个联邦制国家,虽然各州对基础教育有独立的自主权,各州有关劳动技术教育的政策常常会因为政党掌权的不同而有所差异。但各州普遍对劳动技术教育都非常重视,把它作为全面实施素质教育的重要组成部分,是学生迈向职业生活和步入社会前的不可

---

① 张香敏. 生命教育:苏霍姆林斯基教育思想的新视角[J]. 教学与管理,2012(15):11—13.

或缺的关键环节。① 各州在实施的过程中会呈现不同的特色,但各州在实施的培养目标上大体一致,即"通过劳动教育让学生做好生活的各项准备,从小学高年级和初中阶段就要做好适应未来的工作,了解职业并认识所处的经济社会规律"。② 可见,德国的劳动技术教育主要是"在普通教育中渗透职业教育"的一种集中体现。③

德国的劳动技术教育是适应德国的发展需要而产生的,1987年在柏林召开的各州文化部部长常设会议上,对中等教育第一阶段(5—10年级)的劳技教学开始了"新的尝试"。会上明确指出:带领中学生进入技术的、经济的和政治的真实生活是一项国际性的任务,学校应该为此而努力,这一任务主要落在劳技课的教学上。④ 这一时期,德国经济领域发生了一系列的变化:生产方式变革、人们消费水平的变化、职业流动的加速、社会结构的调整等。就在这样的社会经济背景下召开了此次会议,会议强调了在这样的社会背景下未来青年一代将成为社会建设责任的主要承担者,要实现提升他们综合素质的目标,所有中学的劳动教育的教学内容和方式都需要进行转变:中学阶段要使其学生具备未来社会生活领域的适应能力和劳动能力。传统的学校教育已不能适应这一需求,无法发挥为年轻一代步入未来社会奠定基础的作用。因此,中学要进行课程改革,创新教学内容和方法,调动学生学习劳动技术的积极性,帮助学生掌握适应未来职业和社会要求的劳动知识、技能和技巧,尤其是帮助学生学会及时调整自己以适应随时可能出现的与劳动、技术、家政、经济等密切

---

① 姚静. 德国中小学的劳动技术教育及启示[J]. 基础教育参考,2007(10):26—29.

② 德国劳动技术教育(资讯)[J]. 思想理论教育,2008(6):94.

③ 傅小芳,周俪. 德国基础教育中的劳动技术教育[J]. 比较教育研究,2005(2):35—40.

④ Staendige Konferenz der Kultusminister:Material zum Lernfied Arbeitslehre im Sekundarbereich I vom 8./9. Oktober 1987《德国文化部长常设会议:1987年10月8—9日关于初中劳技课程的说明》(原文).

相关的情境。① 此次会议明确了德国劳动技术课的目标,也奠定了德国劳技教育以课程为载体的基本形态。

（二）德国劳动技术课程的任务

德国劳动技术课的主要任务有:对学生实施全面的劳动、经济、技术方面的教育,使之具备适应目前及将来生活的基本能力;熟悉经济和家政密切相关的生活情境及职业方面的基础知识,培养学生的评价能力和独立自主的能力,引导学生有责任心地、高度负责地从事生产和劳动;培养学生具备社会责任感和环境保护意识,掌握自主地从事社会工作的能力,包括这些因素对形成个人生活、职业生活及公共生活的影响。劳动技术教育就是要帮助学生学会正确选择适合自己的职业,使其有能力在受技术和经济影响越来越大的社会中谋求发展。② 可见,德国的劳动技术教育课程不单纯是为了帮助学生实现顺利就业的目标,更是为了实现提升学生素质教育水平的目标。

（三）德国劳动技术课程的具体设置

德国劳动技术课主要针对中小学生的不同身心特点和教育目标进行分阶段实施:在小学阶段被称作是"常识课",每周四节,其中两节为史地、自然常识,两节为手工劳作。③ 教学内容主要是与生活服务相关的烹饪、清扫等家务劳动技能,或者与经营相关的纸工、编织、木工、陶器等手工制作,并在劳动教育中融入经济观念的培养,鼓励学生将制作的作品卖掉,让学生在这一过程中学习计算成本、保证质量、广告推广等知识。

在中学阶段,德国各州按照综合中学、实体中学及主体中学内不同学生培养目标的特点,在 5 年级至 10 年级都设置了劳动技术课。

---

① 萧枫.各国学校的特色教育[M].沈阳:辽海出版社,2011:45.
② 董晓波,张培.浅析德国基础教育中的劳动教育[N].中国社会科学报,2020-06-29(7).
③ 萧枫.各国学校的特色教育[M].沈阳:辽海出版社,2011:57.

课程的一部分是以教授生产劳动和就业的理论和知识为主的"劳动学课",涵盖劳动的含义,劳动的价值与报酬,就业问题,劳动法律,生产、工序、效益、工人的基本素质,安全保护、环境保护等内容。课程的另一部分是以动手为主的操作课,主要是学习电子、木工、办公技术、缝纫、家政、塑料加工、材料检查、职业指导等内容。操作课有一部分为必修内容,比如办公技术、制图、打字、财会、职业指导、销售等;一部分是选修内容,比如缝纫、家政、电子、木工、塑料加工、材料检查等。这些课程在三类不同的中学中设置有所差异,主要根据不同类型学校培养学生的目标来设置。① 另外,部分对学习劳技感兴趣的学生可以每周增加 3 至 4 节选修课,所有学生还必须在 9 年级或 10 年级时接受职业指导,参加 2 周至 3 周的企业实践,以便今后更好地择业。

(四) 德国劳动技术课程的特点

德国的劳动技术课程重视动手实践,采用灵活的教育教学方式。德国劳动技术教学主要采用在实践形式中进行教育,比如在手工课程教学中,重视对学生进行动手操作技能的培养,初中学生要学会与生产劳动相关的虎钳、锤子、刨子、凿子、木槌、丁字尺等劳动工具的使用技能,高中生还要学会操作一些简单的机械设备。在课堂教学时一般较少涉及理论,讲课方式也灵活多样。各州的劳技教学大纲一般都只规定教学目标,对教学内容不作统一硬性的规定,各学校的教师可以根据学校、班级、学生的具体情况组织灵活的教学活动。课堂采用独立工作、小组工作和伙伴工作等多种课堂教学组织形式,各小组任务不同、进度不同,每个小组都有进行个性设计、确定和调整实施方案的自由,以此来促进学生的创造性、独立活动能力和社会合

---

① 张剑辉. 德国中小学一贯制劳动教育的观察与启示[J]. 福建教育,2015(17):18—20.

作能力。整个教学过程以学生的学习为主,教师运用讨论、辩论、讲座、角色扮演、调查研究、游戏、模拟、社会访问、现场参观、设计情境等多种课堂形式。[①] 德国的劳动技术教育的实践动手特色还体现在学校资源建设方面,学校拥有设备齐全的劳动技术教育专用教室,与物理、化学、生物等实验室相仿,比如有金属加工、木材加工、电工、烹饪、塑料加工、手工编织等。在金属加工车间,有和工厂车间相类似的车、钳、刨、磨、铣床,还有很多先进的专用机床和数控机床等;在烹饪专用教室里,配备专门的烹饪器具,还设计了各种类型、不同形状的厨房格局,学生可以在这里练习各种烹饪技法。[②]

　　德国的劳动技术课推行"项目化"。德国在劳动技术教育中教学方法呈现多元化,比较有特色的是"项目教学法"。课堂中教师通过引导学生制作特定的产品来进行教学,这个特定的产品既可以是衣服、工具箱等具体、有形的物体,也可以是专题研究报告、短视频等脑力劳动方面的成果。整个教学过程可以分成计划、准备、实施、评估四个部分,在实施的过程中强调以学生为中心,由学生自主计划制作的产品,进行可行性分析并制定项目实施计划、准备劳动工具、采购原材料,然后独立完成操作或由小组成员进行分工协作完成具体操作,在过程中学生要及时反馈信息,遇到困难或问题要学会调整策略,需要不断检验以确保产品的完成质量并整理成文,最后将完成的产品进行展示、销售或赠送。教师在教学过程中的角色主要是引导与咨询,当学生在课堂中遇到问题时进行提醒或者提供一些帮助。

　　德国的劳动技术教育还积极利用社会资源,拓展资源社会化。将劳动技术教育的场所扩展至工矿企业、商场、职业信息介绍中心等社会场域,安排学生进行"企业考察"活动或针对职业选择的企业实

---

　　① 任平,贺阳. 连通学校与现代社会生活的桥梁——德国中小学劳动教育的实施路径[J]. 外国中小学教育,2019(8):28—36.

　　② 姚静. 德国中小学的劳动技术教育及启示[J]. 基础教育参考,2007(10):26—29.

习等。教师也可以聘请来自各行各业的专家,针对社会生活和劳动市场的变革设置教育教学实践内容,培养学生掌握促进经济和社会可持续发展的能力。比如,通过设置主题聚合不同的课程资源,对各科课程资源进行整合,将不同学科中的相关知识进行串联,以便学生在劳动课程中实现学科知识与生活实践的融通。①

对劳动技术教育的评估,德国既注重过程又注重结果。学生劳技课成绩的评定主要分为教师给学生打分、学生之间互评、学生的自我评定三个部分。成绩由整个教学过程学生在每堂课的成绩综合来决定。② 职业指导、企业实习等方面的成绩也注重综合性评估,主要按学生参与劳动实践活动的积极性、态度、能力等方面进行评估;而校内技术课程主要按提交的作业、测试的成绩或者完成作品的质量进行评分;劳动理论的教学部分是根据学生的出勤、上课状态、互动情况等进行打分。劳动技术课程一般没有专门的期末考试,成绩的比重也和其他学科一样,按照必修、选修及学时、成绩的不同计入学生的总成绩,对学生的毕业、升学、就业等都有一定影响。③

德国的劳动教育首先在课程的设置与内容上规定得非常详细,明确表明了每个年级应该做的内容,并且也体现了内容的递进性,将课程分为必修与选修,有利于培养学生的兴趣;其次,非常注重学生的劳动实践,并且与企业建立了互利的联系;最后,方式非常多样化,且非常自由化,鲜明地体现了学生的主体性。德国的劳动教育的目的就是培养学生的劳动技能,为学生将来的就业做准备,所以对学生的技能教育非常注重,对于劳动技能在道德精神品质方面的作用,同

---

① 德国:劳动教育承担对个体进行"社会-经济教化"的重要功能[J]. 中小学德育,2019(12): 78.

② 傅小芳,周俪. 德国基础教育中的劳动技术教育[J]. 比较教育研究,2005(2): 35—40.

③ 姚静. 德国中小学的劳动技术教育及启示[J]. 基础教育参考,2007(10): 26—29.

样也应予以重视。

二、劳动教育与各项教育活动融合模式

融合模式是将劳动教育与其他教育活动相结合,这种模式并不特别注重劳动教育的经济效果,而是更加注重教育过程中对学生人格的培养。在学校的课程体系中没有单独开设劳动教育课程,而是将劳动教育的相关内容融入到学校的各项教学活动中。比较典型的代表国家是日本,它的劳动教育内容就是融入到社会科、技术与家政科、"道德"时间、综合学习时间、特别活动等课程教学和体验学习活动中。①

(一)日本劳动教育的确立

"二战"以后,日本开始确立了智、德、体协调发展的教育方针,没有将劳动教育体现在具体的教育方针中,而是将劳动教育的内容全面融入到其他学科中,这在一定程度上决定了融合型劳动教育模式在日本的形成。与劳动教育相关的内容体现在了日本于 1947 年制定、2006 年全面修订的《教育基本法》中。比如,《教育基本法》提出为了实现"完善人格"等教育目的,要实现"重视(教育与)职业和生活的关联,培养尊重劳动的态度"等教育目标。② 这一教育目标也在 1947 年制订、2007 年重大修订的《学校教育法》得到了体现,其中对劳动教育相应地作了规定:义务教育要实现的目标之一是"培养关于职业的基础知识与技能、尊重劳动的态度和适应个性选择未来出路的能力";高中教育的目标之一是在义务教育的基础上,"(使学生)基于对在社会上必须履行使命的自觉,适应个性,决定未来的出路,

---

① 丁沅. 劳动技术教育概论[M]. 南京:江苏少年儿童出版社,1993:6.
② 潘燕婷,杨再峰. 日本中小学劳动教育及其启示[J]. 教学与管理,2021(18):39—44.

提高普通教养,掌握专门的知识、技术和技能"。①

(二) 日本劳动教育与社会科的融合

日本的学校课程主要由学科课程、时间课程和活动课程三类组成,这些课程中融入有关劳动教育内容的有社会、地理历史、公民学科等。以小学的社会科为例,与劳动教育相关的内容有:组织学生参观、调查当地的生产和市场贩卖情况;参观、调查和查询生活所需的水、电、燃气的保障情况和废弃垃圾的处理;调查所在地区的产业情况;调查和查询日本的农业、水产业、工业、信息产业等状况;调查和查询与日本有密切联系的其他国家的生活状况等。在初中阶段社会科里有关劳动教育的内容会融入到不同的领域,比如在地理方面主要是认识日本国内不同地区的产业概况和动态;考察不同产业的地区特色等。在历史方面则会带领学生了解日本不同时代农耕生活的变化、各种产业的发展情况、交通的发展变化等。在公民领域主要教学生理解"市场的作用与经济""国民生活与政府的作用"等内容。到了高中阶段,劳动教育的内容融合到地理历史学科,比如在"现代世界的系统性地理考察"单元,会融入"资源、产业"等内容。在"公民"学科方面主要帮助学生理解学生雇用与劳动、产业结构变化与中小企业、农业与食材等问题。②

(三) 日本劳动教育与家政科的融合

在日本,各阶段都会在技术与家政科这门课程中融入劳动教育的内容。比如小学阶段"家政"科主要内容是:帮助学生了解在家庭中支撑自己和家庭成员的生活的是工作,能做自己分担的工作;想方设法快乐地饮食;学习煮、炒等烹饪的基础知识和技能,培养对烹饪

---

① 张德伟.国际中小学劳动教育初探[J].中国德育,2015(16):39—44.

② 蒋洪池,熊英.日本小学劳动教育:形式、特点及启示[J].外国教育研究,2020(12):120—124.

的兴趣;学习力所能及的个人自理和家务劳动,如学习穿着衣服以及房间的整理和清扫的方法;利用材料制作生活上一些有用的物品等。① 在初中阶段"技术与家政"科的主要教学内容是:在"技术领域",设有"材料和加工技术"单元,对"利用材料和加工技术的制品的设计与制作"等进行指导;设有"能量转换技术"单元,对"利用能量转换技术的制品的设计与制作"等进行指导;设有"生物培育技术"单元,对"利用生物培育技术的栽培和饲养"等进行指导;设有"信息技术"单元,对"关于数码制品的设计与制作"等进行指导。在"家政领域",设有"饮食生活与自立"单元,对"日常食物的烹饪与当地的饮食文化"等进行指导;设有"衣、住生活与自立"单元,对"衣服的选择与整理""住居的功能与居住方式"等进行指导。而高中阶段的"家政"学科主要内容:"家政基础"科目中设有"生活自理和消费与环境"单元,教授"饮食与健康""被服管理与着装""住居与居住环境"等内容。"家政综合"科目中设有"生活的科学与环境"单元,教授饮食生活、衣着生活、居住生活的科学与文化等内容。"生活设计"科目中设有"饮食生活的设计与创造""衣着生活的设计与创造"和"居住生活的设计与创造"等单元,教授衣、食、住生活的设计与创造方面的内容。②

(四) 日本劳动教育与道德课的融合

在日本的学校教育中,道德课也会融入劳动教育的内容。比如小学低年级的道德课中会教学生感知劳动的美好,让学生认识到劳动的重要性,并愿意为大家劳动,高年级会引导学生理解劳动的意义,引导学生积极服务社会,并为公共发挥作用。到了初中,则是引导学生理解劳动的尊贵和意义,培养服务精神,引导他们为公共福祉

① 张德伟.国际中小学劳动教育初探[J].中国德育,2015(16):39—44.
② 桑廷洲,倪维素.日本的劳动教育[J].外国中小学教育,1987(10):47—58.

和社会发展贡献力量。到了高中,学校通过道德课使学生理解学习和劳动的意义,理解个人未来发展出路的适应性并利用出路信息,确立理想的劳动观和职业观,自主地选择和决定出路并设计未来。为了更好地达到教育效果,学校还会积极地采取自然体验、社会体验(志愿活动等)、物品制作、生产活动等体验活动,或者观察与实验、参观与调查、发言与讨论等学习活动。①

(五)日本劳动教育与劳动体验学习的融合

自 20 世纪 70 年代后期日本开展课程改革,在 1977 年、1978 年修订小学、初中和高中学习指导要领时,引入"劳动体验学习"。日本开始反思过去学校教育的种种弊端,尤其是一直以来"偏重智育""填鸭式"地教授了大量的学科内容,造成了学生的动手能力、创新能力减弱的后果。与此同时,随着学生生活环境的快速变化,学校里增加了能够制作物品、培育生物的场合,因此学校希望通过有组织地开展"制作"和"培育"活动,让学生体验工作的乐趣和成功的喜悦。② 这种劳动体验学习是让学生在学习期间去社会上体验实际职业,这也为后来日本劳动教育的多样化发展提供了契机。从课程改革以后,日本的学校教育中关于劳动的体验性学习活动不断加强,比如以学校为中心进行的劳动体验学习,以行政机关为中心进行的劳动体验学习,以地区的组织和团体为中心进行的劳动体验学习开始在学校教育中出现。③

虽然日本的劳动教育隐藏在其学科课程中,但是其并未忽视学生的劳动教育。日本出台一些关于教育的相关文件,对不同学段的

---

① 文部科学省. 小学校学习指导要领案[EB/OL]. http://www. mext. go. jp/a_menu/shotou/new-cs/news/080216/002. pdf.

② 高橋勝. 学校教育における「作業活動」のもつ意味——その二つの教育機能を分析して[J]. 横浜国立大学教育紀要,1985(25):89—104.

③ 宮地孝宜. 地域組織主導の「勤労体験学習」の実践と効果[J]. 国立オリンピック記念青少年総合センター研究紀要,2003(3):225—232.

劳动教育都有比较细致的规定,且体现了一个循序渐进的过程,这是我们需要学习的部分。日本一直在不断追求适合社会发展的劳动教育,且有了一定的成效,对我国的劳动教育的发展也有着一定的启示。

第三节　国外劳动教育与生涯教育结合的新趋势

当前国外劳动教育出现了与生涯教育结合的最新趋势,主要是通过生涯教育来实施劳动教育,将劳动教育体现在生涯教育当中。生涯教育(Career Education)是在 20 世纪 70 年代初由时任美国联邦教育总署署长马兰倡导的,目的是消除普通教育与职业教育之间的鸿沟,消除学术与职业之间的藩篱,他倡导的生涯教育是一种有组织的、综合性的教育。① 我们可以从美国、日本、韩国当前的生涯教育中了解生涯教育如何体现劳动教育,如何更好地发挥劳动教育。

一、美国的劳动教育：将劳动作为生涯教育的一部分

在美国政府和社会各方面的支持下,20 世纪 70 年代在美国形成了一场生涯教育改革运动。美国在 1989 年颁布了《国家职业发展指导方针》,明确规定职业生涯教育要从 6 岁开始。20 世纪 90 年代以后,美国的生涯教育又出现了新的发展势头。美国的生涯教育主要有四种模式,即以学校为基础的模式、以家庭为基础的模式、以雇主为基础的模式和以地方寄宿制为基础的模式。② 其中,最基本、最广泛的是以学校为基础的生涯教育模式。这种模式把从幼儿园到中学

---

① 苏红.生涯教育：从关注学业到关怀人生——美国以职业为导向改造教育体系的探索[N].光明日报,2021-01-28(14).

② 李亦桃,周谊.浅谈美国的生计教育及对我国教育改革的启示[J].世界教育信息,2003(9)：14—20.

后的职场或大学期间分为四个阶段：(1)从幼儿园至 5 年级或 6 年级的生涯认知阶段；(2)6 年级或 7 年级至 10 年级的生涯探索阶段；(3)11—12 年级的生涯定向阶段；(4)中学后教育阶段。① 幼儿园至小学阶段主要开展帮助孩子认知生涯教育,而中学阶段则是生涯教育的关键时期,因此,美国的生涯教育侧重于中学时期的研究与实践。美国的生涯教育贯穿整个基础教育阶段,各个生涯阶段按照学生身心发展的特点,让学生认识和接触劳动世界,探索和参与职业生活,为学生将来的职业选择和定向作准备。②

　　美国中小学实施的生涯教育有多种形式,包括：(1) 开设生涯教育课程：生涯发展指导课程、特殊生涯指导课程和与生涯相关的学术课程；(2) 组织工作实践,让学生了解和认识职业生涯最有效的途径就是亲身参加实践,真正理解职业；(3) 模拟情景教学,针对青少年的特点和兴趣,为学生设计一个近似真实的工作环境,扮演一定的角色,实践一种职业,培养相关技能；③(4) 设置咨询活动,学校开设生涯教育咨询活动为学生家长提供直接的帮助,咨询工作者运用心理学知识和谈话技巧,根据学生特点,进行有针对性的个别化、具体化指导；(5) 计算机辅助教学,依靠计算机和程序化信息材料与教学材料相互作用的配套设备进行生涯教育,学生可根据个人的兴趣能力调节和控制学习程序和进程。④

　　全美职业信息统筹委员会(NOICC)是美国推动职业生涯教育的

　　① 王恩发.教育面向劳动世界——美国生计教育及其给我们的启示[J].国际观察,1993(5)：38—42.
　　② 杨光富.国外中学学生指导制度历史[M].上海：华东师范大学出版社,2015：215—217.
　　③ 刘轶铭.美、英两国生涯教育模式特点及其启示[J].新课程评论.2017(10)：114—120.
　　④ 薛弥.美国生涯教育的模式对我国的教育启示[J].职业技术教育.2007(20)：81—82.

重要组织,主要为教育界提供研究资金,与各州联合开发职业生涯教育课程指引。该组织把中学职业生涯教育课程分为三个阶段:自我认识、教育与职业探索以及职业规划。在自我认知阶段主要是帮助学生了解自身的兴趣,并将其职业选择和个人兴趣进行匹配,完成兴趣评估。目的就在于让学生在今后的工作中实现自己的价值,体会到幸福感。在教育与职业探索阶段,要求学生做到:以全球的视野了解经济的发展情况;了解各种职业以及如何访问和使用各种职业资料来源;了解职场中的重要技能。在职业规划阶段,帮助学生确定生涯规划,包括自我的短期与长期的目标。①

美国生涯教育体现了"以学生为中心"的教育理念,具有全面性、系统性、层次性等特点。②其全方位培育学生的生涯发展能力,系统地对学生从小到大的生涯发展都作了规定,且目标具体,具有针对性和可操作性,能够深入学生的实际生活,促进学生的自我认知与发展。

二、日本的劳动教育:渗透大量劳动实践的生涯教育

20世纪末日本引入生涯教育后,生涯教育开始成为从义务教育到高等教育自始至终贯穿的重要部分,成为教育关联社会和职业的重要载体,并在实践中逐渐发展成为系统性、符合学生不同发展阶段的生涯教育政策。③1999年12月,日本中央教育审议会正式提出了职业生涯教育这一概念,其将职业生涯教育定义为:为了学校教育和职业生涯可以更好地衔接,指导学生树立正确的职业观、劳动观以

① 王黎明.美国中学的职业生涯规划[J].基础教育参考.2003(Z2):44—47.
② 李睿.美国佛罗里达州中学职业生涯教育课程内容研究[J].教育导刊,2018(1上):92—96.
③ 岩田康晴.労働教育は何をめざすのか[N].労働法律旬報,2010-9月下旬号:60—68.

及培养就业所需的相关知识和技能,同时还要培养学生具备自我分析和决定未来的能力。① 日本虽然不是最早发展职业生涯教育的国家,却是发展较为成熟的国家,并形成了一套体制完善、系统完备的体系,政府、企业、学校之间的合作极为紧密。② 日本生涯教育的基本观念也在不断充实,现主要包括:为成功的工作生涯发展作准备;各科目的教师应该强调该科目对创造个人成功生涯发展的可能贡献;教导抽象的理论内容时,应通过适当切身职业导向的经验,引导学生有效地学习;所谓生涯发展准备应包括工作态度、人际关系、生涯选择技巧和实际的工作技能等学习;生涯发展教育希望能帮助个人实践他自己的工作价值;学校不能只关心学生的毕业或辍学,学校有责任帮助学生充分了解下一轮的生涯发展阶梯,并有效协助他们拟定计划,逐步迈向那个阶梯。学校通过一系列的就业指导活动,帮助学生了解自己的性格,对未来的发展进行提前规划,从而更好地适应毕业后的生活。学校改变了过去那种单纯进行就业指导或升学指导的做法,把指导融入所有的教育活动。③

　　日本的生涯教育的特点主要有:采取职业体验和企业见习制度,非常注重学生的职业体验,并且也获得了企业的大力支持;重视小学阶段的职业生涯教育。日本的职业体验非常多,既有学校组织的,也有企业主动发起的。在日本的兵库县的 kidzania 甲子园中,有专门面向 3 岁至 15 岁儿童开放的,模拟近 100 种工作的工作体验馆。馆内的设施全部按照现实建立,医院、公安局、银行、商店等应有尽有,消防车和救护车也在工作着,孩子们可以根据自己的兴趣选择

---

① 郭萍. 日本高校职业生涯教育对我国高校就业工作的启示[J]. 河南教育(高教),2016(8):136—137.

② 文部科学省. 初等中等教育と高等教育との接続の改善について[EB/OL].(1999 - 12 - 16)[2021 - 08 - 12]. https://www. Mext. Go. jp/b_menu/shingi/chuuou/toushin/991201. htm.

③ 陈焕章. 日本中学开展的职场体验活动观略[J]. 外国中小学教育,2008(8):27.

不同的职业,最后用工作换取工资(馆内流通的卡通货币)进行下一步消费。通过身临其境的体验,孩子们可以清晰地了解该工作的具体内容并与所学知识联系起来,意识到自己的兴趣所在和潜在能力,找到今后努力的方向。①

日本的企业见习制度得益于日本企业的大力支持。1997 年,日本政府制定了关于经济结构改革与创新行动的计划,其中,提出了高校要实行大学生体验式就业措施,要求企业必须配合大学,以援助的方式为大学生提供实习和见习的机会。② 日本的见习相对自由,企业没有限制,个人可以根据自己的兴趣选择要实习的企业,而且不限年级,大一的学生也可以申请,以个人申请、企业面试、双方互选、最终见习的模式进行。几乎所有的日本企业都有见习制度,见习时间有三五天短期型的,也有一个月长期型的,见习期间由企业的正式员工指导,一起工作。这种见习制度,能够让学生亲身体验该项工作,并判定自己是否适合这份工作,将来能否从事相关行业,同时也能够意识到自己需要加强和改进的地方。③

日本政府还十分重视小学阶段的职业生涯教育,他们认为小学是职业生涯思想形成的初级阶段,称其为“职业幻想期”。日本小学职业生涯教育的核心理念是塑造积极向上的生活态度、劳动观和职业观,培养其灵活运用信息的能力、人际交往的能力、规划未来的能力和决定志向的能力。日本的小学阶段的职业生涯教育,目的就在于通过融入各学科的职业生涯教育的综合学习,大力培养学生解决问题的能力和自主探索的能力,让学生养成积极学习、思考的生活方

---

① 马云芳. 人生必修课——日本的职业生涯教育[J]. 世界文化,2017(6):4—7.
② 钱国英. 日本的大学生就业创业模式[J]. 创新与创业教育,2018(6):4—7.
③ 陆素菊. 日本大学生体验式就业的实践及其意义[J]. 教育发展研究,2006(19):48—51.

式,有意识地引导学生思考未来的出路。①

综合来看,日本的生涯教育主要运用了体验式这一方法,培养学生正确的职业观和劳动意识,使学生的学习变得更加积极和主动,增强了学生的社会责任感,令学生对自己的未来充满信心。② 在生涯教育中,政府、学校和企业的合作也相当紧密,非常有利于日本生涯教育的发展。

三、韩国的劳动教育：关注劳动幸福感的生涯教育

韩国的《第一次生涯教育综合计划（2010—2013）》于 2010 年 2 月发布,主要是以小学、初中、高中学生为对象,重点提供以生涯体验为主的生涯教育支撑体系。③ 在 2016 年 4 月,韩国又发布了《为了巩固与扩大自由学期制——第二次生涯教育五年基本计划（2016—2020）》,这次的生涯教育重点在于构建激活学生梦想与才能的职业生涯体系,从小学到大学分年级制定了系统的生涯教育框架,重点放在生涯教育的实质性落实与充实上。④ 这一次韩国的生涯教育强调了要提升学生的个体幸福感,强调了生涯教育在帮助学生实现个人梦想与发挥才能方面的重要作用。

美国"以学生为中心"的生涯教育、日本以"体验"为主的生涯教育以及韩国关注公民个人的幸福感和梦想的生涯教育,都表明了生涯教育对个人发展的重要性。各个国家虽有侧重,但是发展生涯教育的最终目的还是在于能够使"人尽其才",维护社会、国家的稳定以

---

① 杨舒涵. 日本重视小学职业生涯教育[J]. 课程. 教材. 教法,2016(3)：49.

② 郭萍. 日本高校职业生涯教育对我国高校就业工作的启示[J]. 河南教育（高教）,2016(8)：136—137.

③ 全婵兰. 韩国《第二次生涯教育五年基本计划》述评[J]. 世界教育信息,2017(2)：45—48.

④ 李莎莎,甘诺. 韩国高校职业生涯教育的经验与启示[J]. 江苏高职教育,2021(1)：28—38.

及长久的发展。可见,在实施生涯教育的过程中可以融入劳动教育的某些理念,劳动教育可以充分利用生涯教育这一平台促进自身的发展。比如在生涯教育中加入对学生劳动品质与兴趣的培育,既能够提升学生对职业的认识,促进其今后的职业发展,也有利于培养全面发展的人,使学生具备职业品质与社会责任感。

虽然生涯教育同劳动教育存在着许多相似之处,但是生涯教育并不能等同于劳动教育。生涯教育和劳动教育属于不同的领域,两者虽然在面向职业生活和劳动实践上具有共同的特点,但两者并不能互相替代。生涯教育主要关注的是学生将来的就业问题,而劳动教育则不仅关注学生的技能,而且关注学生的品质与精神世界的满足。所以,在生涯教育中对学生进行劳动教育,能够很好地利用生涯教育的平台,也能够弥补生涯教育的缺陷。

第六章 新时代劳动教育的体系建构

劳动教育具有多元价值和多维功能,在育人中将产生辐射性、全方位的作用。随着时代的发展,劳动教育所面临的社会经济环境、教育的对象特征都已经发生了很大的变化,我们需要转变思维,摆脱现有劳动教育的桎梏、冲破瓶颈,凸显劳动教育的主体性、实践性、创新性、拓展性、时空性,通过合力构建劳动教育的保障机制、同步推进劳动教育的关键环节、科学制定各学段劳动教育内容、加快推进劳动教育的资源开发、完善创新劳动教育的展现模式来优化劳动教育体系,最大程度地发挥劳动教育的育人价值。

第一节 合力构建劳动教育的保障机制

在劳动教育这样一个系统工程中,主体、客体和载体等要素会随着外部环境的变化而不断发生改变。构建全员、全过程、全方位的保障机制,保证劳动教育实施所需的人、财、物等到位,是发展劳动教育的前提和基础。

一、建立统筹协调机制

马克思主义认为,整体与部分是密不可分的。但整体又高于部分,对部分具有统率性的作用。整体在一定程度上决定着事物发展的质。因此建立起统一的协调机制,加大对劳动教育资源的整合力度,健全劳动教育的组织管理机制,形成教育行政部门的内部与媒体等教育教学活动的外部力量的合力,对构建劳动教育发展的良好政策生态环境,推动劳动教育的发展有着重要的作用。

目前,我国教育部门尚没有专门负责劳动教育管理的职能部门,这使得劳动教育缺乏主体推进,往往颁布一些实施文件后在现实中较难落实落细、得到一以贯之的执行。因此,要实现劳动教育目标,需要教育管理部门理顺当前管理体制,给劳动教育一席之地,建立长效机制为劳动教育有序开展保驾护航。首先,着力加强劳动教育的组织领导机制。各级教育部门和学校要根据相关的文件精神加强对劳动教育的组织领导,在工作中明确劳动教育责任主体和负责部门,加强各级教育部门与学校的统筹规划,确保在劳动教育的实施过程中师资、时间、场地、经费、设备等落实到位。① 各级教育部门和学校要不断提高对劳动教育的重视程度,将它作为学校教育的重要内容,建立健全领导体制和工作落实机制,鼓励教师创新教育途径和方法,保障工作经费落实到位,确保责任落实到人。其次,着力统筹校内校外资源。各级教育部门和学校要充分发挥各方力量,形成协同联动机制,形成共同推动劳动教育的合力。各级教育部门要推动建立科学化、规范化和长效化的劳动教育制度体系,为学校劳动教育有序高效地开展提供保障。一方面加强校内资源统筹,充分发挥班主任、任课教师、共青团、少先队、学生会共同推出劳动教育实施的合力;另一方面加强校外资源协调,各级学校要积极借助家庭、社会的力量,整合更多的校外资源共同关心、支持、推动劳动教育的发展。在横向联系方面,可以不断完善现有的青少年校外教育活动联席会议制度,建立健全教育部门各相关处室劳动教育工作的互动机制,进一步推动"学校—家庭—社会"三位一体育人机制建设的深化发展,强化劳动

---

① 教育部,共青团中央,全国少工委.关于加强中小学劳动教育的意见,2015 - 07 - 24.

教育的横向协同配合。在纵向联系方面,可以通过劳动教育现场工作会、分管局长研讨会、学校劳动教育工作调研会、劳动教育推进研讨会等方式,进一步推动各级教育部门与学校的联动,推动各级学校间的经验分享与交流。最后,建立科研引领机制。劳动教育的可持续发展需要开展大量前瞻性、科学性的研究来为它提供理论指导。各级教育部门要充分发挥科研引领功能,激励更多一线教师和劳动教育专家来研究探索劳动教育的有效方法和实践途径,为解决当前劳动教育面临的新问题和新挑战提供新思路和新建议,为相关政策的出台提供咨询和参考。同时,还应积极发挥各市、区教研室的整合作用,开展劳动教育相关课程的研讨,推动劳动教育实验区、示范校等创建工作的开展。例如可以聚焦《劳动技术课程》的有效实施、师资队伍专业能力的提升、校内外资源整合等选题开展专题研究,为各级学校提供有益的指导和借鉴。

二、加强师资队伍建设

雅斯贝尔斯在《什么是教育》一书中谈到"教育意味着一棵树摇动另一棵树,一朵云推动另一朵云,一个灵魂唤醒另一个灵魂"。[①] 这实质上也在表明任何教育活动的开展都是教育者和受教育者的有机统一。在教育过程中,教育者用自己的知识、阅历、情感影响着受教育者。因此建设高素质的师资队伍也是劳动教育体系构建过程中的重要一环。

首先,抓好师资培训。各级教育部门要高度重视劳动教育师资队伍的培养,将劳动教育教师的相关培训统一纳入教育系统教师培训计划,对劳动教育相关的管理人员、课程教师、实践基地指导教师进行有目标、有计划、有步骤的培训,全面提升劳动教育教师的综合

---

① 雅斯贝尔斯.什么是教育[M].北京:生活·读书·新知三联书店,1991:2.

素质,为学校培养一批专业素质强的师资队伍,以教师的言传身教来影响学生,增强劳动教育的实际效果。其次,激励教师成长。各级教育部门要采取相关的激励措施来保持劳动教育教师队伍的相对稳定与持续发展,尤其是在教师的工资待遇、绩效考核、职称评定、评优选先、提拔任用等方面出台相关的激励举措,进一步激发劳动教育教师的积极性。[①] 第三,扩大教师队伍。各级教育部门和各学校要积极探索培养一批专兼职结合的劳动教育教师队伍,除了劳动教育课程的教师之外,还可根据各地和各学校的实际情况配备教研员,通过定期开展劳动教育课程的教研活动、教师技能大赛等,促进劳动教育教师的专业化发展,提高劳动教育课程质量。还可以聘请校外能工巧匠、非物质文化传承人、企业专业技术人员、劳动模范等担任兼职教师。

三、提供物质保障

物质保障是劳动教育教学和实践活动开展的必要条件,对教育质量的高低产生很大影响。同时,劳动教育的场地等物质条件也形成了劳动教育的外在环境,承载着环境育人、营造氛围的作用。

首先,教育主管部门要加大劳动教育专项经费投入。劳动教育的开展离不开劳动教育经费的投入力度、教育经费的合理使用。劳动教育只有在物质上得到切实保障,其德育魅力才会得以展现。其次,规范管理,完善设施。做好学校劳动教育所需的各类设备的供应,为劳动教育提供专用的教室及实践的场地,配备专门的教学设备,为学生提供必要安全的防护措施,这些都是劳动教育课程得以顺利落实的保障。第三,充分利用校内外环境、场所资源。一方面可以通过建设学校劳动场馆、劳技教室、种植园地和校外劳动实践基地,

---

① 教育部,共青团中央,全国少工委. 关于加强中小学劳动教育的意见,2015－07－24.

为学生参加劳动课程和实践活动提供空间和场所。例如,目前上海市教育部门在各个区县都建立劳动技术教育中心,整合区域资源为劳动教育提供平台。另一方面可以通过美化校园环境,营造劳动教育氛围。营造适合劳动、处处皆可劳动的校园环境对学生的成长将起到潜移默化的作用,学生不仅可以受到精神上的陶冶,还可以培养校园主人翁的意识,共同为建设校园作贡献。

四、完善督导评价机制

劳动教育的评价具有监督和导向的作用,设置评价标准、构建评价机制,可以引导学校和教师科学实施劳动教育,指导教育过程向正确的方向发展。长期以来,缺乏一个有效、科学的评价机制,使得学校教育缺乏一个强有力的指挥棒来引导劳动教育问题。因此,我们要做好劳动教育工作,就要建立、健全劳动教育的评价机制和评价体系,引导劳动教育的真正落实和实施。

首先,将劳动教育实施情况纳入学校督学挂牌督导内容体系。各级教育督导部门要将劳动教育纳入督导范围,结合课堂进行的劳动素质教育实行规范化的课程管理,指导学习劳动教育科学规范地开展。督导的重点是学校是否做到劳动课教学有教师、有教材、有备课、有评价,课时是否能够得到保证,是否有相应的劳动教育设施、实践场所或基地等。其次,大力加强学校劳动教育教学质量的评估。各级教育部门要制定学生劳动教育的评价制度,采用合理的评价指标,重点对学生参加劳动的次数、劳动态度、实际操作、劳动成果等方面评估考察。各个学校可以将每个学生参加劳动的具体情况和事实材料记录到综合素质档案中,各地教育部门也可以试点将劳动教育纳入升学、评优等考评体系。学校还可以推进新的激励机制,设置个性化的实践机制,根据各个学校的实际情况,制定针对性更强的考评细则。如劳动课要上够课时,与其他科目一同参加考核;学校期中和期末可设立"爱劳动的好孩子""劳动小能手"奖,对劳动中表现积极的学生给予奖励;同时注重过程评价和发展性评价,以达到适时、有效地促进学生成长的效果。① 例如,2014 年上海市制定颁布了《上海市高中生综合素质评价实施方案》,将学生参加农村社会实践活动、公益劳动和志愿服务作为重点考核内容。同时,还开展了中小学道德风尚人物(美德少年)奖等评选活动,重点培育和宣传在热爱劳动、勤俭节约、志愿服务等方面表现突出的优秀学生,充分发挥榜样示范作用。② 2016 年上海市教育委员会、上海市人民政府教育督导室联合下发了《上海市对区县政府加强未成年人思想道德建设工作督导评估指标》,将培育和践行社会主义核心价值观,区域推进中小学劳动教育的情况作为重要内容,以督促建,推动区县在深化中小学劳动教育方面主动作为并有所作为。③ 最后,发挥榜样宣传引导作用。各级教育部门、共青团组织和少工委、各大媒体等要加强对劳动教育榜样的宣传,对劳动教育开展得好的地方和学校要及时宣传推广,营造全社会推动劳动教育的良好氛围。④

第二节　同步推进劳动教育的关键环节

学校劳动教育的课程、校内劳动、校外劳动、家务劳动等都是推动劳动教育实施的关键环节。因此,需要同步推进劳动综合实践、通用技术课程教育、劳动教育专门技能课程,加大对学生动手操作能

---

① 刘西亚.学校劳动教育途径初探[J].基础教育研究,2009(16):3—4.

② 上海市人民政府.上海市深化高等学校考试招生综合改革实施方案,2014‐09‐19.

③ 上海市教育委员会、上海市人民政府教育督导室.上海市对区县政府加强未成年人思想道德建设工作督导评估指标,2016‐01‐12.

④ 教育部,共青团中央,全国少工委.关于加强中小学劳动教育的意见,2015‐07‐24.

力、职业技能的培养,将劳动教育寓于其他学科、少先队共青团活动中,形成校内劳动、校外劳动、家务劳动的"三位一体"的劳动教育实施体系。

一、落实劳动教育课程

课程是落实劳动教育的主要渠道。通过开足开好劳动教育的课程,在课堂中进行劳动知识、劳动技能的传授,培养劳动意识和劳动精神。学校不仅要抓好劳动教育相关课程的建设和落实,还要将劳动教育的内容有机融入到其他学科的课程教学之中。

首先,学校要加强劳动课的课程管理。我国对劳动教育的课程在相关的文件中都有非常明确的规定。比如,在 2001 年教育部颁布的《义务教育课程设置实验方案》中增设了综合实践活动,将劳动与技术教育纳入其中,要求学生通过亲身实践,发展动手和解决问题的能力。① 2015 年教育部、共青团中央、全国少工委颁布《关于加强中小学劳动教育的意见》,明确规定了义务教育阶段 3 到 9 年级切实开设综合实践活动中的劳动与技术教育课,普通高中阶段严格执行通用技术课程标准。② 2020 年中共中央、国务院《关于全面加强新时代大中小学劳动教育的意见》对劳动教育课程安排提出更明确的意见:"中小学劳动教育课每周不少于 1 课时,学校要对学生每天课外校外劳动时间作出规定。职业院校以实习实训课为主要载体开展劳动教育,其中劳动精神、劳模精神、工匠精神专题教育不少于 16 学时。普通高等学校要明确劳动教育主要依托课程,其中本科阶段不少于 32 学时。除劳动教育必修课程外,其他课程结合学科、专业特点,有机融入劳动教育内容。大中小学每学年设立劳动周,可在学年内或寒暑假自主安排,以集体劳动为主。高等学校也可安排劳动月,集中落实各学年劳动周要求。"①因此,各级学校要开展实实在在的劳动课教育,在保证劳动与技术课程、通用技术课等劳动课程课时量的基础上,兼顾质的提高。其次,要积极开发校本课程。各地区、各学校在开发劳动教育课程的同时,应鼓励教师结合本地区、学校自身的实际情况和学生实际,调动各方力量充分开发具有特色的校本课程,充分利用当地的劳动教育资源,比如邀请劳动模范、工匠、非遗传承人进校园,开设家政、烹饪、手工、园艺、非物质文化遗产、公益劳动、现代劳动技术科普活动等相关课程。② 第三,改进课堂教学方法。要让学生爱上劳动课,就需要改变原来"重理论灌输轻实践体验"的模式,需要教师优化课堂教学结构,创新教学方法。比如乡村学校可以扎根乡土文化,开发乡土特色课程,按照二十四节气安排课时,让孩子在土地上经历一轮完整的劳作,产生对劳动的真实体验与感知。③ 城市学校可以采取"一纲多本"的模式,内容上注重各学段的纵向衔接,逐步递进,使教学的内容与学生的能力相匹配。比如,3D设计与打印的学习,学生在小学、初中阶段主要是学习传统的草图、平面图设计等,在高中阶段学生就可以在3D实体设计环境中,进行3D设计,制作出自己的作品。④ 第四,将劳动教育渗入到各门学科中。教育部、共青团中央、全国少工委颁布的《关于加强中小学劳动教育的意见》中强调要"在德育、语文、历史等学科教学中加大劳动观念和态度的

---

① 中共中央,国务院.关于全面加强新时代大中小学劳动教育的意见,2020-03-26.

② 刘媛媛.加强中小学劳动教育三年级以上开设劳动课[N].安徽商报,2015-09-18(6).

③ 李玉玺,王海荣."田园牧歌"唱响劳动教育主旋律[N].中国教育报,2019-03-20(9).

④ 潘晨聪.上好劳动教育这门成长"必修课"上海持续深化推进大中小学劳动教育进行时[J].上海教育,2020(12):24—29.

培养,在物理、化学、生物等学科教学中加大动手操作和劳动技能、职业技能的培养,在其他学科教学和少先队活动课中也应有机融入教育内容"。[①]中共中央、国务院颁布的《关于全面加强新时代大中小学劳动教育的意见》也进一步强调了"除劳动教育必修课程外,其他课程结合学科、专业特点,有机融入劳动教育内容"。[②]因此,学校要充分挖掘不同学科中所蕴含的劳动教育元素,引导各学科教师把劳动教育的内容有机融入到学科教学之中,共同培养学生劳动观念,提高动手实践能力,激发创新创造能力。

二、规范校内劳动建设

学生身处于校园中,学校已经成为中小学生劳动教育的重要场域,在学校日常活动中充分结合劳动实践,将其有机融入校园文化环境建设之中也是劳动教育的重要方面。通过校园劳动活动,学生们在劳动实践中得以充分展现观察事物、动手实践、创新创造的能力,通过自主探索或者合作完成的方式,学生可以完成劳动任务和活动,在这个过程中亲近自然,开拓创新,感受劳动的喜悦,收获幸福和自信。

首先,将劳动教育与学校日常运行相结合。校园里也有很多的劳动教育资源可供开发和利用,比如学校可以开展校园公益劳动、班级卫生比赛、美化校园环境、校园风貌整治、养护绿植等力所能及的劳动。例如,学校可以组织开展"一日三扫"活动,每周由一个班级承担学校的清扫整理,学生自主分配任务,在劳动中学习自我管理,培养正确的劳动态度和吃苦耐劳的精神。例如,上海理工大学附属小

---

① 教育部,共青团中央,全国少工委. 关于加强中小学劳动教育的意见,2015 - 07 - 24.

② 中共中央,国务院. 关于全面加强新时代大中小学劳动教育的意见,2020 - 03 - 26.

学开展"小岗位，大贡献"——红领巾"校园小当家"实践活动，通过让学生采访校园内勤劳工作的人，他们了解了岗位职责，感受到身边人的勤劳付出；通过让每位学生参加一节定岗劳动课，学生学习了岗位本领，积极参与校内劳动，懂得劳动不易，劳动光荣，学会感恩。① 场地资源丰富的学校也可以开辟专门区域种植花草树木或农作物，让班级、学生认领绿植或"责任田"，予以精心呵护，条件更好的学校可适当开展禽类、水产等养殖。② 其次，将劳动教育与兴趣小组、社团或俱乐部活动相结合。校园文化活动、兴趣小组活动、班团建设活动都是学生参与度比较高的校内活动，可以结合这些活动适时开展班务整理比赛、手工制作、小电器维修、班级环境装饰等劳动实践活动。也可以开展职业体验、工匠进校园等活动，引导广大学生在活动中了解不同职业的特点，体会劳动乐趣，感悟"工匠精神"，培养劳动创新精神和动手实践能力。开设"田园实践课程""校园买卖活动""今日我当家""环保购物袋爱心拍卖""端午包粽赛"等各类融入生活的主题实践体验活动以及刺绣、陶艺、剪纸、棕编、盆景艺术等传统手工制作等兴趣活动。③ 第三，将劳动教育有机融入主题教育活动之中。学校可以结合班会、少先队或共青团活动、劳模报告会、劳技作品展等方式，通过讲劳模故事、教唱劳动主题歌曲等形式广泛组织以劳动教育为主题的宣传教育活动。各级学校也可以通过主题班会、主题团队日、升旗仪式、节庆教育、运动会、艺术节、读书读报、征文演讲等活动，引导学生在活动中体验劳动，在体验中感悟劳动的意义，在感悟中践行劳动精神。例如，上海嘉定区娄塘学校以"五一"国际劳动节为载体，创设"五一"劳动技能节，针对不同年级学生的特点设计了穿

---

① 劳动教育对孩子有多重要？做过老师的都知道[EB/OL]. (2016 - 09 - 24) [2021 - 09 - 12]. https://m.sohu.com/a/114996028_372526.

② 陈鹏. 中小学必须有劳动教育课[N]. 光明日报, 2015 - 05 - 26(6).

③ 陶六一. 各地加强中小学劳动教育经验摘登[N]. 中国教育报, 2015 - 08 - 06(2).

戴比赛、扫落叶比赛、剥毛豆比赛、穿针引线钉扣赛、切菜炒菜赛、创意彩绘蛋 PK 赛、创意地图 PK 赛、环保时装设计师圆梦秀等活动,学生们通过各种有趣的劳动技能培训,提升了动手和创造能力。例如,上海虹口区广灵路小学开展"学劳动技能,扬劳模精神"主题活动,邀请首位完成无动力徒步南极点的中国人刘冬生先生到现场为全体同学作专题讲座。① 最后,要持续推进校园文化建设。在校园环境的营造方面,可以通过将劳动教育内容融入宣传海报、电子屏幕、班级板报设计等环境创设,来营造"劳动最光荣、劳动最崇高、劳动最伟大、劳动最美丽"的育人环境,将劳动教育融入到校园文化建设总体设计中,为学生创设浸润式的成长环境,使学生对劳动的认识、看法发生潜移默化的变化。

三、拓展校外劳动形式

丰富多彩的社会实践活动是学生走出校门、了解群众、深入社会、探知世界的最佳方式。劳动教育可以鼓励学生参加社会实践活动,在实践中运用所学的知识服务社会、奉献社会,不断丰富社会经验和提升社会适应能力,另一方面又可以培养他们热爱劳动的情感,学会关心他人、扶贫助困,在劳动协作中培养团队精神和无私奉献的精神,养成勤俭节约、艰苦朴素的好习惯。

首先,结合实际情况组织学生开展公益劳动与志愿服务。各级学校要将校外劳动纳入劳动教育整体工作计划,每个学段根据学生的不同特点安排一定时间参加生产劳动、农业体验、服务业实习等校外劳动实践活动。比如农村学校里,在有安全保障的前提下,教师可以利用农村特有的劳动教育资源,把劳动课堂搬到田间地头,通过动

---

① 潘晨聪.上好劳动教育这门成长"必修课" 上海持续深化推进大中小学劳动教育进行时[J].上海教育,2020(12):24—29.

手劳动使学生感受劳动的艰辛和劳动成果的来之不易。在家校互动方面,教师可以在农忙时节给学生布置一些劳动教育的任务,指导学生帮助家长进行一些力所能及的农业生产劳动;城市学校可以充分利用校园周边或者共建的劳动实践基地、社会实践基地和其他工厂资源,结合研学旅行、团队集体活动和寒暑假实践活动等,组织学生参加学工、学农、社区劳动、志愿服务等。其次,学校鼓励学生积极参加其他劳动实践体验。学校可以合理组织中小学生深入城市社区、工厂企业、乡村田野开展社会调查、生产劳动、社区事务服务、志愿服务、公益活动、科技发明和勤工助学等活动及其他多种形式的文明共建活动。这种结合社会实践的劳动不仅有助于学生在活动中磨练意志品质,而且能促进学生理论联系实际、适应社会能力的提升。

四、提升家务劳动质量

家庭是构成社会的细胞。2016 年习近平主席在第一届全国文明家庭表彰大会中强调:父母是孩子的第一任老师,家庭教育对孩子的成长起着至关重要的作用。学生正确的劳动观念和良好的劳动习惯的培养不能仅依靠学校教育,必须构建起学校教育、家庭教育和社会教育"三位一体"的教育网络,形成强大的育人合力,才能真正促进劳动教育的落地落实。① 因此,构建学校和家庭相结合的劳动习惯养成教育,将劳动教育有机融入家庭教育指导之中是极为必要的。

首先,加强家校互动,侧重培养孩子热爱家务劳动观念,在课程内容中设置包括家政在内的劳动教育课程。学校可以每周给学生安排一定量的家庭劳动作业,布置可以是家务的(包括农作的),可以是整理个人用品、简单家务等方面的劳动,类似帮助父母洗碗、洗衣、打

---

① 中共中央党史和文献研究院.习近平关于注重家庭家教家风建设论述摘编[M].北京:中央文献出版社,2021:1.

扫整理房间、浇花等学生力所能及的劳动。注重把劳动技术的学习与日常生活相结合，从学生的实际生活和未来发展出发，在劳动课程的教学中多融合运用型的知识技能。比如，可以开展"今日我当家"活动，让学生结合烹饪课学习必须经历的居家劳动生活体验，其主题是为家庭晚餐配菜、买菜、做菜。① 鼓励学生记录自己的劳动过程和感受，比如有的学生记录下在大热天随同父母在田间劳动的经历，充分感受到了白居易的"足蒸暑土气，背灼炎天光，力尽不知热"的真实情景，这既增强了自身的劳动意识，又理解了诗歌的意境，还训练了写作能力。② 其次，注意家务劳动教育的针对性。如在培养系统思维方面，家长可以让学生从整理摆放厨房里的锅碗瓢盆等物品开始；在培养统筹能力方面，家长可以从教孩子如何合理统筹煮饭、烧水、摘菜的时间开始；在培养工作效率方面，家长可以从限定时间做完做好有奖、超时完成受罚等形式训练起等。在家务劳动中，家长还要有意识地引导学生体会劳动的快乐，在为家人服务的过程中去关心爱护家人。这种家长和孩子一起劳动，共同体验劳动的乐趣的形式，不仅让孩子们获得了劳动知识和劳动技能，巩固了劳动课所学的内容，更培养了他们与父母等家庭成员之间的劳动合作技巧，密切了家庭关系。此外，家长要有意识地开发和利用身边的劳动资源。家长要转变"重学习轻劳动"的观念，主动为学生创造家务劳动的条件，有意识地安排学生参加一些力所能及的劳动，比如在家中做一些家务劳动，或到社区参加志愿服务，或者到工厂、农场参加一些简单的生产劳动。这种家务活动不仅让孩子们获得了劳动知识和劳动技能，巩固了劳动课所学的内容，更培养了他们与父母等家庭成员之间的劳动

---

① 陶六一. 加强中小学劳动教育发挥劳动综合育人功能[J]. 中国农村教育，2015(10)：10—11.

② 祝传发. 在家校合作中培养学生劳动意识和技能[J]. 教育科学论坛，2015(24)：21—23.

合作技巧,密切了家庭关系。当孩子在劳动中遇到困难时,要多正面引导和强化,多鼓励和表扬孩子;当孩子出现失误时不要训斥,而是委婉地帮助孩子一起找出问题、分析原因,消除孩子在劳动中局促不安、紧张害怕的心理。[①]

第三节　科学制定各学段劳动教育内容

根据各学段学生身心发展的特点,科学制定劳动教育的内容,加强完善小学、初中、高中、大学各个学段劳动教育课程的有效衔接,形成大中小学生劳动教育推进的有序化、层次化是劳动教育推进的重点;从培养学生在自主的实践操作活动中体验动手操作的趣味,掌握基本的劳动技能,培养劳动习惯,逐步发展到感悟劳动的快乐,提高自身道德境界,培养劳动创造力及创新精神,成为德智体美劳全面发展的人才。

一、实现各学段教育内容的体系化

劳动教育的目标主要是培养学生的劳动认知、劳动情感、劳动能力、劳动习惯、劳动精神这五个方面。根据这一目标,各学段的劳动教育内容主要是以日常生活劳动、生产劳动、服务性劳动、创造性劳动为重点,以满足学生个人成长、家庭生活、职业体验、就业创业等需要。[②]一是开展以手脑并用、自立自强为重点的日常生活劳动教育。帮助学生建立劳动与生活、学习的有机联系,引导学生主动参与劳动,体会劳动光荣,从我做起,从身边做起,从小事做起,培养劳动习惯、劳动技能和热爱生活的态度。二是开展以学工学农、实习实训为

---

① 孙功道.劳动教育其实是人格教育[N].中国教育报,2015-10-22(9).

② 教育部,共青团中央,全国少工委.关于加强中小学劳动教育的意见,2015-07-24.

重点的生产劳动教育。引导学生主动参与一定时间的农业生产、职业体验、设计制作等劳动教育，学工匠、学劳模，培养技术意识、工程思维、动手能力，养成手脑并用、热爱劳动、辛勤劳动、创造性劳动的乐趣与习惯。三是开展以志愿服务、公益劳动为重点的服务性劳动教育。引导学生主动参与"学雷锋"、勤工俭学、"三下乡"、扶残济困等服务性劳动教育，在社会实践中学习知识技能、提升实践能力，养成服务他人、服务社会、乐于奉献等精神。四是开展以创新创业、创意创效为重点的创造性劳动教育。引导学生在劳动实践过程中运用新知识、新方法、新工艺、新技术提高劳动的效率和质量，增强技能技术应用与创造性地解决实际问题的能力，培养敢于探索的科学精神与勇于创新的劳动精神。

二、实现各学段教育内容的有序化

学校劳动教育的最终目的是培养学生的劳动认知、劳动态度、劳动技能与劳动精神，教学内容如何在不同的学段、针对不同的学生进行选择与安排显得至关重要。

要实现各级各类学校劳动教育的有序性，首先要根据不同阶段教育中劳动教育的基本特点进行系统安排。因为不同年龄和学段的学生会呈现不同的生理、心理和社会性的特征，这些特征都是影响到劳动教育内容设置的科学性、进阶性的主要因素。因此，劳动教育在系统推进时需要充分考虑不同学段学生身心特点进行设计。其次要根据不同时代和地区的特点因地制宜统筹安排劳动教育的实施。不同时代的科技和经济条件下对劳动教育内容的要求是不同的，因此劳动教育内容设计上应充分关注社会发展的要求和科技文化的发展水平，充分融合各种有利的教育因素，多维度构建新时代劳动教育的内容。而不同地区的状况和特征也是劳动教育内容安排的重要影响因素，比如城市和农村学校在内容安排上应有所不同。第三，还应注

意根据劳动教育内容的不同选择不同的方式方法。比如,劳动习惯
的培养可以结合学校的日常管理来进行。又如,劳动能力的培养更
多需要课内外实践、学校、家庭与社会联动来保证劳动教育的实效
性。最后,在劳动教育内容的选取上要综合考虑每个阶段的实施重
点。劳动教育的内容既要包括知识与技能、过程与方法,也要包括情
感态度与价值观的培养,每个板块都应该在劳动教育各阶段中得以
体现,但是每个阶段可以有所侧重。比如基础教育阶段更多的是"热
爱劳动"的情感培养、劳动习惯的形成,而职业学校和高等教育阶段
则更要注重劳动技能的培养和劳动精神的养成。

三、实现各学段教育内容的层次化

教育部门可以按照分学段、一体化、有序推进的原则,在基础教
育、职业教育、高等教育各阶段把劳动教育落实落细,并将劳动教育
的内容有机融入思想道德培养、文化知识教育、艺术体育活动、社会
实践等各个环节。

小学低年级重点是使学生了解自己身边人的职业,尊重他们的
劳动,认识并理解家庭和学校(班级)的劳动岗位;能进行种植、养殖、
清扫等简单的实践活动;掌握自我保管生活、学习用品的方法,养成
爱护公物、珍惜粮食、节约水电等良好习惯,能够在劳动中体验自我
成功的乐趣。

小学中高年级重点是使学生了解社会上常见的职业角色和价
值,懂得一分耕耘一分收获的道理;能够科学地使用劳动工具,进行
简单的实验、设计、加工制作,承担力所能及的校内、家庭或社区的劳
动任务;乐于在劳动中与他人合作,初步养成手脑并用、安全规范的
劳动习惯。

初中重点是使学生掌握基本的劳动知识,懂得服务他人和社会
的意义,形成初步的职业意识;能够进行实验、设计、操作等活动,掌

握家政、烹饪、手工、园艺等基本劳动技能,承担校园和社区的部分劳动任务;初步养成辛勤、诚实的劳动习惯,学会尊重劳动者和珍惜劳动成果,培养负责担当、吃苦耐劳的劳动品质。

普通高中重点是使学生掌握一定的生产性和服务性劳动技能的基础知识,了解当前社会发展对劳动的需求和相关的职业信息,初步形成职业发展的意向;理解劳动创造美好生活的道理,初步树立尊崇劳动、热爱劳动的马克思主义劳动观;通过学工学农、公益劳动、志愿服务等综合实践活动,初步形成创造性劳动的习惯,培养劳动自立、敬业奉献的精神。

中等职业学校重点是使学生理解劳动创造人生价值和幸福生活的道理,树立正确的择业观和就业观,掌握维护劳动权益的法律知识;通过专业实习实训、志愿服务、社会实践、技能竞赛、创新创业、创意创效等活动,增强技术应用与创造性劳动的能力;感悟劳模精神和工匠精神,增强职业荣誉感,培育精益求精的劳动态度和爱岗敬业精神。

高等学校(含高职)重点是系统掌握学科和专业知识,理解马克思主义劳动观;懂得空谈误国、实干兴邦的深刻道理,树立正确的职业观和职业伦理,强化诚实合法的劳动意识;系统掌握与专业、职业相关的劳动技能或创业能力,注重新知识、新方法、新工艺、新技术的学习与实践应用,提高创造性劳动能力;感悟劳模精神、工匠精神,培养务实创新、追求卓越的科学精神,在报效祖国中实现个人价值与社会价值的有机统一。

第四节　加快推进劳动教育的资源开发

劳动教育资源是劳动教育顺利开展的重要保障。工厂、农场、商店、田园都可以变成劳动教育实施的场所,都有可挖掘的劳动教育资源。目前,劳动教育之所以会出现资源缺乏的情况,其主要问题在于对周边的资源开发利用不够。因此要加强劳动场地建设,拓展实践基地资源,整合社会、学校、家庭的劳动教育资源,构建家校劳动教育平台,明确双方责任,营造良好的德育氛围,形成学校、社会、家庭劳动教育的德育合力是以劳育德的重要保障。

一、建好劳动教育实践基地,实现优质教育资源共享

劳动教育实践基地的建设是有序开展劳动教育的必要条件。劳动教育实践基地有利于推动劳动教育课程模式的转变,为学生提供探究性学习的求知方法和路径,可以让学生在实践基地丰富多彩的劳动体验活动中尝试调查、实验、操作、探究、设计、制作等学习方式。在劳动实践中,学生不仅收获了劳动知识,也学会了在劳动中发现和解决问题;不仅能积累和丰富个体的劳动经验,还能培养集体合作的劳动意识、创新精神和实践能力。因此,教育部门应积极探索新的办学模式,大力开发和建设适合劳动教育的实践基地,保障劳动教育的场地资源。

首先,强化劳动教育实践基地的统筹融合,做好校内与校外、集中与分散、理论与实践的结合。一方面需要充分利用校外资源,利用现有的青少年校外活动场所、青少年宫和示范性综合实践基地开展劳动教育。另一方面也可以充分利用校内原有的场地,将闲置校舍重新布局调整成为校内劳动实践基地或专用教室。[①] 还可以积极争取社会支持,比如利用校园周边产业结构调整中的闲置厂房建立行业类的劳动教育实践基地。或者与校园周边的种养殖场、工厂、商场、社区服务中心等单位开展合作共建,与相关单位合作建设劳动基地体验(馆)室等。或者整合、利用现有的实习基地、社会实践基地及

---

① 刘博智.学生劳动实践将纳入综合素质评价[N].中国教育报,2015-08-04(2).

勤工俭学基地等,为学生创造多样的劳动实践场所。经常组织学生到劳动实践基地开展劳动观摩、劳动体验、实习实践等劳动教育,增强学生劳动体验,体会劳动付出的艰辛,分享劳动带来的喜悦,掌握相关的劳动技能,养成良好的劳动习惯,不断提高实践动手能力和发现问题、解决问题的能力。[①] 联合劳动实践基地共同开发劳动课程,尤其需要增加学工、学农、素质拓展、生存训练等劳动实践项目的开发,最大限度地拓展劳动基地的育人功能。其次,加大学农基地建设,增加学生体力劳动体验。目前学生主要以脑力劳动为主,应充分重视体力劳动对学生身心的锻炼作用。城乡学校都要重视农村社会实践活动的开展,把学生参加农业生产劳动纳入到学校的劳动课程计划之中,并予以一定的课时保证;加强与各学农基地的沟通交流,并给予充分的指导、管理和监督,不断提升各学农基地开展劳动教育的能力和水平。根据当地农业的实际,因地制宜地拓展果园种植、蔬菜种植、家禽家畜饲养、鱼类养殖、盆景园艺、野外生存、农耕文化展示等学农实践基地建设,组织学生定期开展农事劳动、农田趣赛、农村调研等体验活动,引导学生积极参加体力劳动,在农事劳动中体验劳动的艰辛、劳动果实的来之不易,在体验丰收中收获劳动的喜悦,激发学生热爱和关爱大自然,培养热爱劳动、尊重劳动人民、珍惜劳动成果的情感。

二、统一教育力量,实现劳动教育的资源整合

劳动教育作用的发挥离不开各方教育力量的共同努力,因此,劳动教育实施的过程中要充分调动教师、家长和学生自身等各方力量广泛参与,实现学校、家庭、社会等各方资源的充分整合。

[①] 教育部,共青团中央,全国少工委.关于加强中小学劳动教育的意见,2015-07-24.

首先,学校领导和教师要共同努力推动劳动教育发展。学校领导和师生员工是推动劳动教育发展的重要力量,如果能达成共识,通力合作,高度重视劳动教育在学校层面的落实,将对劳动教育的发展起到重要的影响。学校各方不仅需要在教育教学的内容设计、课程和教学时间的安排上落实上级的有关文件精神,而且要在劳动教育的教学环境配置、条件保障、资源整合等方面给予大力支持。学校还需加大对劳动教育的宣传力度,设立更多的校内勤工助学岗位,加强校外资源的整合和管理等,多渠道拓展劳动教育的途径。其次,家庭、家长要与学校密切配合共同落实劳动教育。家庭和家长是劳动教育实施的重要助推力量,学校要协同家庭和家长一起为学生参加劳动提供保障条件,比如创造环境、提供机会、转变学生思想等方面,家长需要配合学校一起参与到劳动教育中。家长在关注学生综合发展的同时,也要协助学校共同促进学生通过自身的劳动服务他人、服务社会,在劳动的过程中引导学生树立正确的劳动观念,不断提高劳动能力。最后,调动社会各界的积极性共同支持劳动教育发展。学校一方面可以充分整合社会资源,为学校推进公益劳动和志愿服务提供便利,调动各方力量共同培养学生担当精神、创新精神和实践能力;另一方面可以充分发挥社会力量的作用,通过引进劳动模范进校园、职业学校的优质课程共享、非遗传承人进校园、与校外少年宫合作等形式,开拓更多的劳动教育途径,开展更多的劳动技术项目,鼓励学生自觉参加各种形式的劳动。

三、建立家校互动机制,构建家校教育平台

现在许多家庭的孩子都是独生子女,家长往往舍不得让孩子劳动,只有少数的家长会让孩子在家里做一些简单的劳动。在生态性的德育系统中,学生个体是不可缺少和不可替代的"生态位",他们在参与道德文化建设的实践中体现自我的道德价值,有利于个性的丰

富和发展。而家庭父母作为孩子的"第一任老师",对于学生个体性的成长具有不可磨灭的作用。① 劳动教育单靠学校推进肯定存在局限性,学校的劳动教育并不能替代家庭劳动或者社会劳动的作用。因此,学校要主动争取家庭的配合和支持,劳动教育才能取得更好的效果。

首先,争取家长对劳动教育的配合和支持。家长的重视、配合和支持是学校推进劳动教育的重要补充,学校要通过多种方式引导家长,使其转变观念,重视学生的劳动教育,支持学生参与力所能及的家务劳动,鼓励学生在家里承担一定的家务劳动,主动服务和帮助家人。同时家长也应及时向学校反馈学生在家庭中的劳动表现,这样就能形成家校之间、家长和老师之间的良性互动,保证劳动教育在家校层面的连续性和一致性,使家庭和学校共同发挥劳动育人的功能。其次,开办家长学校,转变家长的劳动教育观念。目前仍有许多家长只重视学生的智力教育,把智力发展当成学生成长和家庭教育的唯一指向,忽视劳动对学生身心发展的重要作用。因此,家长劳动教育观念的改变对劳动教育在家庭中的落实至关重要。教育部门和学校要有意识地对家长进行培训,指导家长系统掌握科学的家庭教育理念和方法,提升家长在家庭教育中的素质能力,构建家校合作平台,指导家长转变观念,为学生创造条件参加适当的家庭劳动和社区服务活动,达成家校之间对劳动教育的共识,提高家庭劳动教育质量。

第五节　完善创新劳动教育的展现模式

与时俱进是任何一种教育模式充分发挥作用的前提。在一定程

---

① 陈发明.中学生态德育的理论与实践研究[D].长春:东北师范大学(硕士),2008:22.

度上,教育活动甚至是超前于社会发展的。因此,在"互联网＋"的社会环境中,新时代劳动教育需要跳出传统的窠臼,结合时代特征进行创新。需要面向当今创意经济个性化定制生产的新趋势,运用互联网思维、创客思维,与大数据、云计算机服务、个性化学习相结合,与时俱进地探索劳动教育的新发展模式,以应对新时代对劳动教育提出的新挑战。

一、鼓励学校创新校本课程

各级学校可以因地因校制宜,形成独具特色的劳动教育校本课程,引导学生了解自己的地方特色、民族特色模式是构建优化劳动教育体系的核心,可以结合学校学科教育、生产生活实际、经济社会发展、自然人文景观等进行科学设置和开发劳动实践基地课程,形成具有地方特色的社会实践活动项目,最大化地发挥校本课程的劳动综合育人功能。

首先,兼顾学生的生理心理特点、劳动活动的难易、学校现有的条件进行设计。学校现实的教育条件分析和学生需求评估是开发劳动教育校本课程的基础,学校既要以相关的政策规定为依据,又要以自身的具体情况为本;既要考虑整体推进素质教育发展的需要,又要考虑每个学生个体发展的需要;既要兼顾学校自身的教育传统,又要考察校园之外的社会资源,综合以上因素进行校本教材的开发和设置。其次,建立相应的教师激励机制,鼓励教师积极参与校本课程开发。学校劳动课教师是保证国家课程教学质量的关键,也是自主开发校本课程的重要群体。由于校本课程的开发要花费大量的时间和精力,没有一定的激励机制很难形成教师主动参与的动力。学校需要为教师参与校本课程开发提供制度性的支持,比如为校本课程开发出台奖励措施,或者组织劳动课程校本教材开发大赛等,既让参与的教师收获一定的物质精神鼓励,又为开发校本课程营造创新氛围，这样就能逐步引导教师变被动参加为主动参与。第三，积极开展校本课程的教学方式创新。学校要将劳动教育课程纳入新课程改革中，将义务教育中的拓展类课程、高中的选修课程建设、大学的通识课程建设等与劳动教育有机结合起来，不断创新校本课程的教学方式。劳动课程的教学形式除了知识讲座、报告会等形式之外，可以多多采用学生喜闻乐见的实践形式，比如科学实验、考察调查、手工制作、知识竞赛、技能训练、生产实践、公益活动等，在教学过程中多融入自主探究、团队合作，引导学生在劳动实践中学会动手、主动思考和解决实际问题。第四，建立基于校本课程的学业评价制度。要发挥劳动教育校本课程的作用，一方面需要提高教师的积极性，另一个方面则需要激发学生在劳动课程中的主动性和积极性。在实施的过程中不仅需要改进教学方式，更重要的是要将劳动教育校本课程的成绩纳入到学生学业评价考核的指标体系中，将学生的过程性评价、表现性评价细化为可操作性的管理办法。

二、提升劳动教育科技含量

新时代劳动教育需要进一步解放思想、广开门路，突出技术教育的引领作用，强化对学生的劳动技术教育，培养学生的创新能力，让学生在劳动实践中健康成长，促进学生全面发展。随着新课程改革的推进，新时代要把劳动技术教育以综合形态推出，积极添置劳动技术教育设施，不断优化劳动技术教育环境，努力开发劳动技术教育课程，使学生们的创新意识和动手能力不断提升，实现劳动技术教育价值的最大化。

首先，将劳动教育与最新前沿科技相结合。各级学校要将现代科学技术与劳动课程相结合，让学生在劳动课程中学会运用各种高科技来开展劳动实践活动，培养动手实践能力、空间想象能力、知识运用能力,结合高科技的创新发展带动劳动教育的创新发展,培养学生创新思维和能力。例如,利用编程技术开展创意机器人设计、搭建创客空间、进行 3D 打印设计、制作彩虹鸡尾酒、磁悬浮陀螺、收音机、空气动力车等。① 其次,将劳动教育与职业发展规划相结合。在劳动教育课程中融入职业规划的内容,通过组织学生参与职业劳动,体验各种职业角色,了解相关职业的知识、从业素质以及技能要求,从而让学生科学地认识自我和提高评价自我的能力,对未来职业进行规划,并对自身的职业能力体系进行一定评估,从而不断提升自我劳动素质。比如通过参观防震减灾展示、真人 CS、无线电测向、拓展训练等活动,在活动中增强对劳动的真实感受,不断挑战自己的体力、耐力和毅力,在活动中学会与人和谐相处,在挫折中不断修正,最终走向成功。② 第三,将劳动教育与创新实践教育相结合。要不断提升学生创造性劳动的能力,提高学生对智慧发现、创新创造重要性的认识,在劳动教育中启发学生创新创造性思维。比如,激发学生学习电子的兴趣,利用电子科技培养动手动脑能力;又如,物理实验与业余无线电、电路知识等。这种与科技相结合的劳动教育方式更能激发学生的主动思考意识,使学生在劳动实践中更好地运用课堂上所学的知识和理论。此外,注重在课内外培养学生的观察能力、动手能力和探究能力等,对学生的劳技创新作品予以肯定、欣赏、展示,或者进行推介并帮助他们去申请各种奖项等,让学生在创造性劳动中感受自身价值,收获劳技创新成果奖带来的成就感,还可以引导学生互相学习创新经验,吸引和带动更多学生的参与,引导更多的学生进行创新创造。

---

① 孙桂芳. 课程赋予劳动教育意义[N]. 中国教师报,2015 - 09 - 02(10).
② 孙桂芳. 课程赋予劳动教育意义[N]. 中国教师报,2015 - 09 - 02(10).

三、创新发展劳动教育形式

形式是劳动教育的各种内在要素的展现方式,它是劳动教育内容得以存在的条件,要使劳动教育的内容得以呈现,必须要有好的劳动教育方式。在现实的教育情境之中,一些传统的劳动教育形式已经不适应学生的需求。新时代劳动教育在不断丰富内容的同时,也要注重形式创新,拓宽劳动教育的展现方式。

首先,可以开展"任务式"的劳动教育。例如,教师和学生都可以提出一些"悬赏任务",让学生通过项目的方式组成劳动小组承接和完成劳动任务;可以加入学生劳动成果展示方式的创新,比如手工制品的展览、菜园蔬果的售卖;还可以让学生在周末或节假日开展"我的家我做主"活动,为家庭晚餐配菜、买菜、做菜等,让学生在有趣的劳动实践中体验劳动带来的乐趣,激发他们发现问题和解决问题的动力。其次,可以与党组织、共青团、少先队、班级等活动相结合。劳动教育可以与这些团队活动相结合,以"兴趣"为先导,组织学生参加各种形式的劳动,充分发挥集体的群体功能和激励作用。也可以以节假日活动为契机开展针对性强的劳动实践活动,比如春节、元旦让学生为家人制作美味的午餐,"三八"节前可以开展"我为妈妈做件事"的活动,结合五一国际劳动节可以为美化学校做一件事等。第三,可以充分发挥劳动基地作用。组织学生参加工厂劳动,如到砖瓦厂、酿酒厂等,不仅可以让学生参观一线的生产情况,还可以通过亲身体验感受劳动的艰辛。组织学生到农场参加种植活动,一方面通过与大自然的接触,学生可以培养亲近和关爱大自然的情感;另一方面激发学生自主探究科学的精神,培养科学利用自然、改造世界的劳动观念。

总之,通过"合力构建劳动教育的保障机制、同步推进劳动教育的关键环节、科学制定各学段劳动教育内容、加快推进劳动教育的资源开发、完善创新劳动教育的展现模式"等五个层面构建适应劳动教育的优化体系,使学生通过劳动教育树立正确的劳动观念,养成良好的劳动习惯,掌握一定的劳动技能,提升生活自理能力、实践创新能力、生存适应能力等,培养学生学会尊重劳动、艰苦奋斗、创新合作、勇于承担责任等劳动精神。

第七章 新时代劳动教育的创新实践

进入新时代以来,党对教育提出了新的要求:为中国特色社会主义事业培养一批德智体美劳全面协调发展的时代建设者和接班人、培养担当中华民族伟大复兴历史重任的时代新人。因此,在大中小学开展劳动教育,是促进人的全面发展的需要,也是培养时代新人的要求。习近平总书记在 2015 年 4 月 28 日召开的庆祝五一国际劳动节以及表彰全国劳动模范的会议上强调:"要在学生中弘扬劳动精神,教育引导学生崇尚劳动、尊重劳动,懂得劳动最光荣、劳动最崇高、劳动最伟大、劳动最美丽的道理,长大后能够辛勤劳动、诚实劳动、创造性劳动。"①进入新时代以来,党和国家对劳动教育高度重视,提出了劳动教育实施的新要求、新任务,各地区和各学校根据这一行动指南,在阵地建设、创新特色、建立机制等三个方面积极开展了实践探索与创新。

第一节 拓展阵地,构建劳动教育网络

通过拓宽劳动教育的学习场所,以"理论＋实践"的双维度丰富劳动教育的形式,劳动教育的内涵得到了深化。劳动教育的开展需要有理论知识作为基石,指引学生有基础的劳动认知,了解基本的劳

---

① 习近平.坚持中国特色社会主义教育发展道路,培养德智体美劳全面发展的社会主义建设者和接班人[J].党建,2018(10):4—6.

动常识,同时也要通过一系列丰富多彩的方式培养学生对于劳动的感性认知,包括以多样化的拓展型课程培养学生的劳动信念和感悟,以切身劳动的方式让学生在亲身实践中体悟劳动的魅力和收获。除了各类实际学习劳动教育环境,也要打造更加丰富多元的环境,比如网络平台所涵盖的各类平台,让劳动教育以更多样化的形式出现在学生的周围,保证劳动教育的普及性和切实性。

一、开设劳动教育课程,构建校园涵育文化

中共中央国务院印发的《关于全面加强新时代大中小学劳动教育的意见》(2020 年 3 月 20 日)明确提出"设置劳动教育课程",将劳动教育纳入中小学、普通高等学校人才培养方案,形成具有综合性、实践性、开放性、针对性的劳动教育课程体系。① 开设劳动教育课程是系统加强学生劳动教育的重要一环,以专业劳动素养的输出和培养作为学生劳动教育课程的重点。构建校园劳动文化是巩固充实学生在课堂上所习得的劳动内容的重要补充,提高感性劳动理念、强化劳动教育观念、深化学生对劳动教育的理解。通过校园劳育课程的开展以及校园文化的建构,使学生在校内可以充分接受到劳动教育的熏陶的影响,以劳育课程树立学生对劳动的基本概念和常识,以劳育文化引领学生对劳动的精神感知,为劳动教育取得的成效扣上"双保险"。

(一) 夯基垒土,开设劳动教育实践课程

劳动教育课程化就是要以课程的方式和要求对劳动教育进行有目的、有计划的规划设计、过程管理、效果评价并形成相对稳定的教

---

① 中共中央,国务院.关于全面加强新时代大中小学劳动教育的意见,2020 - 03 - 26.

学制度和运行机制。① 从广义上讲,劳动教育课程包括了课堂教学、课外活动、课后作业和实践体验,定期组织开设相应的专门进行劳动知识和技能教育的课程以及设置以劳动教育为主题的特色课程,辅以劳动教育为主题的主题班会。要对学生进行劳动观念的教育,使他们认识到劳动是人类生存的第一个基本条件,劳动人民是物质文明和精神文明的创造者,引导学生把劳动看成是光荣的事,养成劳动习惯,热爱劳动,热爱劳动人民,逐步养成爱劳动并尊重劳动者的良好行为习惯,从思想上树立正确的劳动观。② 在劳动的过程中,不仅可以增强学生的集体观念,还可以培养他们的纪律意识,养成勤俭节约、珍惜劳动成果、艰苦奋斗等品质。

明确劳动教育课程性质。上海市教育委员会在劳动教育的课时上提出了明确的要求,把《劳动技术》课程列为中小学的必修课程。在课程目标上,强调通过学科互动教学"使学生树立正确的劳动观念,逐步形成技术服务于社会发展的价值观"。在教材编制上,采取"一纲多本"的模式,内容上注重各学段之间的衔接,逐步递进,逐渐深入。如,针对有关 3D 设计及打印的专业学习,小学和初中阶段的学生主要是学习传统的草图绘制、平面图形设计等,高中阶段的学生就可以将 3D 设计实际在 3D 实体设计环境中进行设计尝试。③

明确劳动教育课时要求。湖南省安仁县教育局要求从小学三年级至初中九年级,每周至少安排一节劳动技能课,各校配有专任劳技课教师,像洋际中学、清溪中学等学校还结合自身实际情况开发了种

---

① 赵亚敏.论高校劳动教育的课程化规范化体系化[J].高校辅导员刊,2021(4):35—40.

② 阎立钦.基础教育课程教材研究中文参考文献指南[M].长春:吉林教育出版社,2000:69.

③ 潘晨聪.上好劳动教育这门成长"必修课",上海持续深化推进大中小学劳动教育进行时[J].上海教育,2020(13):24—29.

植蔬菜、栽培果苗、养殖生猪等一系列具有浓郁地方特色的劳技校本课程教材。四川省成都市金牛区在各个义务教育阶段的学校普遍要求在开设综合实践活动中加入劳动与技术教育课，并结合烹饪、手工、园艺、非遗介绍等特色课程，每周不少于2个课时，在此基础上，普通高中每周还需额外增加开设2个课时的通用技术课。①

拓展劳动教育实践课程。劳动教育中要注重让学生全身心投入，促进其手脑并用，让他们在真实的劳动情境和实践过程中感受劳动的艰辛及收获的快乐，是劳动体验教育的基本要义。校园环境中，教学楼、宿舍楼以及各公共场所卫生保洁、环境绿化维护等各种日常性生活劳动已经逐步有专门的人员取代，学生们参与日常性劳动实践的机会大幅减少，因此如何拓展劳动教育实践课程是学校需重点考虑的问题之一。山西省晋中市开展了有关学校劳动教育的系列专题课程，组织了"爱学校的集体劳动""爱爸妈的家庭劳动""爱社会的公益劳动"以及"爱劳模的宣讲活动"等多个系列主题活动。诸暨市的学校积极开发劳动教育课程，与高中阶段的选修课程、义务教育阶段的拓展性课程建设相结合，并积极组织开展，将劳动教育与学校课程建设融为一体，既强化了劳动教育的地位，又提高了课程建设的实效性。②

研发劳动教育特色课程。杭州市富阳区富春第七小学基于"开心农场"平台支持和家校合作提供的资源，建构了以农事劳作课程、劳动创意课程和美好生活课程为核心内容的"新劳动教育"特色课程群，包括人文、科学、艺术、语言、道德五大领域的内容。其中，"农事

① 成都市金牛区教育局. 成都市金牛区创新劳动教育模式，深化学校德育改革［EB/OL］.（2017-12-5）［2021-08-12］. http://www.moe.gov.cn/jyb_sjzl/s3165/201712/t20171205_320590.html.
② 平安校园编辑部. 全国中小学劳动教育实验工作推进会发言摘登［J］. 平安校园，2016(11)：16—21.

劳作"是最具特色的课程之一,该课程充分利用学校的 15 亩开心农场环境优势,开发了开心农事、田野放歌、快乐种植、爱心分享四个子课程主题,又在子课程主题范围内下设了"节气课程"等十多项课程。除了"农事劳作课程",其余两类劳动课程也十分有特色,"劳动创意"课程群包括小小农科院、当代小农夫和智慧小鲁班、理财小能手等子课程,侧重于劳动体验与知识教学相结合;"美好生活"课程群有生活整理、开学活动、成长 30 事、志愿服务等子课程,尝试在劳动体验中开展道德教育。在课程实施过程中,学校通过不断创新学习方式,既激发了学生兴趣又锻炼了学生意志,真正发挥了劳动教育的功能。①

(二) 统筹推进,构建劳动教育校园文化

劳动教育不仅需要关注学生个体劳动知识教育、劳动技能培养,更要关注"文化"对于学生成长的基础性价值。因此,新时代劳动教育的形式除了开设劳动教育必修课、广泛开展校内外劳动实践之外,还要大力加强校园劳动文化构建。所谓劳动文化即人们对关于劳动的物质形式、价值功能、观念形态等的总体认识。② 由此可见,校园劳动文化作为校园文化的重要组成部分,就是在校园环境中形成的关于劳动的总体认识。校园文化与劳动教育有机结合可以通过精神载体、树立典型、文化活动、媒体平台以及物质制度环境等开展。③ 校园作为学校组织活动的重要场所,在开展劳动教育中发挥着重要作用。当前校园劳动文化在校园文化建设中的占比较低,重视程度也不够,这对劳动教育的深入开展有一定程度上的限制。针对这一问题,需要从精神载体、教职员工、身边榜样、文化活动等方面入手,全面强化

① 章振乐. 杭州市富春七小:新劳动教育课程学习的探索[J]. 中国德育. 2019(6):52—54.

② 位涛,孙振东. 论劳动教育的文化之维:劳动何以促成个体之成人[J]. 当代教育论坛,2021-09-16.

③ 刘瑶瑶. 将劳动教育融入学校文化建设[N]. 中国教师报(课改研究版),2019-09-25(7).

校园文化建设在劳动教育开展中起到的支撑作用。①

在校园文化中要融入劳动教育内容,用好校园物理空间。在学生出入频繁的教学楼、图书馆、学生生活园区等地方,建设含有劳动文化符号相关的不同文化景观、宣传橱窗、文化长廊等,以图片、实物、文字、视频等多种形式,更加全面、深入、细致、准确地展示身边劳动者的故事、榜样的劳动精神品质形成历程、劳动文化活动开展情况等,以此来提高学生对劳动教育的感知度和认同感。比如上海市制定的《上海校园文化传承创新发展行动计划(2016—2018 年)》,对持续推进校园文化建设提出了要求,计划指出要融思想道德、劳动教育于校园文化建设之中,创设一个"时时受教育,处处受感染"的对于学生发展有利的成长环境。②

在校园文化中融入劳动教育内容,结合劳动节、日常行为规范等主题教育,开展文化宣传活动。丰富多彩的主题教育活动是学生喜闻乐见的教育形式,也是劳动文化建设的重要载体。如上海市嘉定区菊园新村清水路小学创设行为规范教育的平台——"小海豚广角镜",由三个栏目"小骑兵训练营""小辣椒点评台"和"小明星金宝座"组成。并利用"小骑兵训练营"这个平台,学校对勤俭节约的意义进行了宣传。各班出了以节约教育为主题的黑板报,营造了良好的氛围。

在校园文化中融入劳动教育内容,做好课程劳育。劳动创造幸福,实干成就伟业,劳动价值观念养成不是一蹴而就,也不是独立存在的,劳动教育是贯穿于所有学科教学过程中,融入学校教育各个方面,渗透于各种教学实践活动中的。因此,要充分挖掘各学科课程中

① 刘瑶瑶.将劳动教育融入高校校园文化建设的实践路径探析[J].北京教育(德育).2019(1):58—62.
② 上海市教委.上海校园文化传承创新发展行动计划(2016—2018 年),2016-06-01.

蕴含的劳动教育元素,提高劳动教育课程建设的实际操作性,营造良好的劳动教育氛围。通过课程教学、课后作业等,有意识地将问题的情景设置和作答的内容要求融合"社会主义是干出来的,新时代是奋斗出来的"价值观念,在知识教育和劳动教育融合中实现人的全面发展。结合相关第一课堂的教学任务和内容要求,将劳动教育融入校园文化氛围的营造过程中,进一步开展征文、书法、演讲、微视频大赛等各类校园活动,广泛宣传劳动精神,使线上线下、校园内外合力形成尊敬劳动热爱劳动的风尚,促进学校课程建设、劳动教育课程研制、校园劳动文化的深度融合。①

　　辽宁省大连市加大课程研发力度,相继开发了《小公民道德规范丛书》《小公民法制教育读本》《小公民行为习惯养成丛书》和《小公民劳动教育丛书》四套区本教材,将劳动教育的要求全部融入其中,实现劳动的育人功能,各中小学也相继开发了自我服务、家务劳动、劳动技能、公益劳动四大类百余门校本课程。② 江苏省南通市启东全市各中小学、幼儿园结合学科教学,语文课程中的《元宵节》,教师结合我国的传统民俗,组织学生在包饺子、下饺子、品饺子劳动中升华劳动情感;数学课程的《图形面积》激发学生劳动兴趣,引导学生在知识学习和生活中广泛运用的深度结合。

二、依托学校实践基地,延展劳动教育空间

　　实践基地与思想政治教育有着高度的耦合性,是实践体悟"课程思政"和"思政课程"的重要场所和途径。③ 因此,实践基地是贯彻落

　　① 董凤,雷晓兵."劳模精神"融入大学生劳动教育的价值与路径[J].宿州教育学院学报,2021(2):12—14.

　　② 平安校园编辑部.全国中小学劳动教育实验工作推进会发言摘登[J].平安校园,2016(11):16—21.

　　③ 孙长轮.新时代大学生实践基地建设的思想政治教育功能再探[J].学校党建与思想教育,2019(18):69—71.

实马克思主义劳动观和实践观的重要途径,在学校教育中发挥着重要作用,是学生开展劳动教育的重要客观空间依托。学校不仅要对校内劳动教育实践场所进行挖掘,还要拓展校外劳动教育实践基地,多渠道建设新形态劳动实践基地,从而保证学校劳动教育的有效开展。

(一)校内联动,充分挖掘劳动教育实践场所

劳动实践基地将书本层面的知识与劳动实践统一起来,既对课堂教学内容进行了补充,同时也对课堂教学资源提供了有益的延伸,有助于德、智、体、美、劳相互渗透、相互融合,促进学生的全面健康发展。[①] 实践基地承担一定的劳动教育项目,拥有一定的教育服务水平,各类基础性教学设施齐全,为劳动教育提供基本的实践保障。同时实践基地充当校外的劳动教育场合,不断地促使学生在实际劳动中更加深入地亲身体会到劳动实践的感受。

比如,海南省屯昌县思源实验学校在实践活动过程中注重培养学生热爱劳动的精神品质,坚定以劳动为荣的观念,养成遵章守纪的习惯,树立艰苦奋斗的精神和集体主义的观念,让学生在体会劳动的光荣,感受丰收的喜悦的同时,体会到劳动的艰辛与不易,从而时刻做到珍惜劳动成果,培养了学生爱惜粮食、勤俭节约、艰苦朴素的良好品质。学校以学校食堂作为开展劳动实践教育的场所,学校安排初中每班每周轮流负责洗碗以及清扫食堂工作,学生利用饭后休息时间到食堂洗碗,严格按照操作程序清扫食堂卫生,由食堂后勤工作人员对各班级劳动表现给予适当的奖励和评价。[②] 福建省泉州市实验小学、泉州师院附属小学、南安市第一小学等许多学校在校园开辟"红领巾劳动基地""快乐农庄""微农场""班级责任田"等场所,或利

---

① 黄博彦.佛山:努力构建全面优质的中小学劳动教育体系[J].广东教育(综合版),2020(12):46—48.

② 平安校园编辑部.全国中小学劳动教育实验工作推进会发言摘登[J].平安校园,2016(11):16—21.

用校园周边的社区、工厂、种植园等平台开展劳动实践活动,同时减少校园保洁服务外包项目,让学生自主完成校园绿化养护和相关保洁工作。① 青海省海南藏族自治州各学校让学生负责教室、教学楼、宿舍和环境区的卫生清扫工作,通过轮流安排值日、小组承包责任、个人总负责等制度做到"一日三清";春季组织学生参加植树造林活动,并且每月开展一至两次校园捡拾垃圾大型公益环保活动,鼓励师生积极参与各项志愿服务活动,通过多种手段让劳动教育落到实处。② 这些活动的开展充分挖掘了校内的劳动教育实践场地资源,促进了劳动教育的常态化展开。

(二) 校外凝聚,积极构建劳动教育实践基地

通过开展各类校外实践活动,培养学生动手参与、勇于创造的能力。学校实践基地一方面为学生提供了开展实践活动、提升劳动技能的场地,另一方面也是对学校劳动教育进行的一次检验和评价。海南省屯昌县思源实验学校的劳动实践基地既确保了师生劳动实践活动的健康开展,又发挥了劳动实践基地的育人功能,随着劳动实践基地的投入使用,其综合效益日益显现出来。把引导学生积极参与劳动实践活动当作开展德育工作、提升劳动技能和培养社会责任感的重要渠道,不断探讨开展综合实践活动的新途径、新方法,在青少年学生提高学业成绩的基础上掌握一定的必要劳动技能,积极参与社会活动,提高服务社会和奉献社会的意识等方面,取得了良好的效果。③

---

① 黎灵寿,程兴华. 泉州多形式开展劳动教育培养学生的实践能力和正确的劳动价值观[EB/OL]. (2018 - 01 - 26)[2021 - 08 - 20]. http://qz. wenming. cn/wcnr/jhhj/201801/t20180126_5006880. shtml.

② 平安校园编辑部. 全国中小学劳动教育实验工作推进会发言摘登[J]. 平安校园,2016(11):16—21.

③ 海南省屯昌县思源实验学校. 创建劳动教育实践平台,全面提升学生整体素质[EB/OL]. (2016 - 10 - 08)[2021 - 09 - 11]. http://www. moe. gov. cn/jyb_xwfb/moe_2082/zl_2016n/ztzl_yxal/201610/t20161008_283211. html.

　　四川省大邑县安仁镇安仁中学劳动实践基地建立以来,积极利用学校劳动实践基地,组织学生参与农耕劳动实践活动,始终坚持以"种、赏、收、品"为劳动基地建设中心,其中,"品"更贯穿整个实践过程,即品"种"的辛苦,品"赏"的乐趣,品"收"的喜悦,为育人发挥了积极的作用。辽宁省大连市通过自建、共享等多种形式建设了围绕爱国主义、民族文化、公民意识、科普知识、创新体验和爱心体验 6 个主题,建设了 30 余个学生校外实践基地。[①] 上海市教育委员会积极整合各方资源,统筹制定了《上海市学生农村社会实践教育指导大纲》,成立"学生学农活动指导办公室",加强市教委对各级学农基地的指导、管理和监督,成立了实践基地 1 700 余个,为学生提供公益劳动和志愿服务岗位 37 万多个。[②]

　　此外,上海市加强学农基地建设,注重将实践体验内化,培养学生的劳动意识,重视学生农村社会实践活动的开展,将学生参加农业生产劳动纳入学校的课程计划之中,予以一定的课时保证。如上海的安亭学农基地坚持"以德为首、以农为特"的传统,开发以中华农耕文化为主题的实践活动课程,开辟了果园园艺、家禽家畜饲养、蔬菜大棚、盆景园艺、野外生存、生活能力、生活休闲以及农耕文化展示等不同主题的实践区域,通过开展农事劳动、农家乐、农田趣赛、农村调研等不同活动,引导学生在农事劳动中体验劳动的艰辛,激发学生热爱大自然、热爱劳动的感情,引导学生在之后的学习生活中尊重和热爱劳动人民。

---

　　① 辽宁省大连市沙河口区教育局.积极构建劳动教育体系,促进学生全面健康成长[EB/OL].(2016 - 10 - 08)[2021 - 09 - 12].http://www. moe. gov. cn/jyb_xwfb/moe_2082/zl_2016n/ztzl_yxal/201610/t20161008_283218. html.

　　② 上海市教育委员会.上海市学生农村社会实践教育指导大纲(试行),2010 - 01 - 20.

三、协同各项资源合力,营造劳动教育氛围

协同整合各类资源是开展劳动教育的充分条件。依托各部门协同推进机制,通过多部门参与建设、教育资源共享、联合共建等方式,尝试利用资源整合、协同运作,助力劳动教育的学习场所的普及范围扩大。通过"人力资源""宣传资源""阵地资源"等多种形式资源全方位、多角度助力劳动教育工作的开展。结合劳动教育的宣传内容,深入学校开展"面对面""手把手"的经常性宣传活动。

(一)因势利导,立体化推进"互联网+劳动教育"

互联网为劳动教育提供便利,可以使劳动教育的形式变得更加多样,内容更加生动,更容易吸引学生。学校针对劳动教育的特点和规律,精心设计制作贴近不同年龄段的学生、通俗易懂的劳动教育宣传素材、资料,通过劳动教育模范的宣传片,发放劳动教育宣传资料,讲授劳动教育知识,组织进行劳动教育实践等多种形式,普及劳动教育的常识。通过融合"互联网+"宣传模式,利用学生喜爱的新媒体技术传播劳动知识和教授技能,发布劳动教育的最新动态,切实提升劳动教育宣传的传播力和影响力。利用校外 LED 显示屏播放劳动教育视频等相关资料,切实增强劳动教育科普的校内宣传效果,加速校园外劳动教育宣传工作进程。组织专人对学生进行面对面的劳动教育培训,切实培养一批劳动"明白人",提升学校劳动教育管理水平,实现合作共赢的实效。以合作模式实现资源共享,资源对接,资源整合,达到联动的实际效果。重庆市涪陵城区第七小学校结合"互联网+劳动",开设创新性劳动教育活动,激发学生参与劳动活动的趣味性和积极性。不断地改进劳动工具,创造出新的劳动作品或劳动成果。[1]

---

[1]　张可仁,傅小殷,李勇. 为孩子成长奠基——涪陵城区第七小学校"3+X"个性课程体系的建构与实施[J]. 基础教育课程,2017(18):14—16.

随着科学技术的快速发展、移动互联网的迅速普及,使得人们对智能设备的依赖程度不断加深,由此出现传统职业逐渐被智能机器人取代的情况。可以预见的是在人工智能时代,劳动教育将会面临一系列的难题与挑战。[①] 因此,如何因势利导,在传统的劳动教育课程实施、劳动教育场景设置、劳动实践场地拓展的基础上,充分发挥互联网技术和人工智能支撑的优势,实现劳动教育的多向互动、虚拟感知,实现"足不出户"的劳动教育实践。江苏省镇江市京口区教育局劳动教育实践基地——高等职业技术学校"雏鹰创客职业体验中心",以机器人为载体开展职业体验活动,让学生体验高科技的互动性机器人;此外,中心设有近三百多个工位供学生职业体验,鼓励学生在各项实践操作中培养基本劳动能力,养成良好习惯,传承工匠精神。[②]

(二) 区域合力,多维统筹推进劳动教育平台联动

劳动教育贯穿于学生成长与发展的始终,联结着家庭、学校、社会和政府等多个主体,因此需要家庭、学校、社会和政府的共同参与和协同合作。学校和所属当地区域相连,通过区域化合作平台联动,实现资源共享、优势互补,寻求劳动教育区域合作,协同社会资源多方合力共同上好劳动教育"大课堂"。

区校管理分级。诸暨市市级外联基地采用"走出去、请进来"的方式,组织学生到基地听取介绍、参观现场、参与劳动实践。镇级基地承担了镇域内学生劳动实践任务的开展,要求每位学生每学期至少参加一次集中实践活动;校级基地以项目为依托,开发多个劳动教育类拓展性课程,以课堂教学为主渠道,通过鼓励学生亲自动手实

① 邵建新,何玉坤,李雪.教育生态学视角下人工智能时代劳动教育的困境与出路[J].当代教育论坛,2021(8):23—27.

② 陈琛.创新小学阶段儿童职业生涯教育路径的探讨[J].福建教育学院学报,2017(4):118—121.

践,积极开展形式多样的教育实践活动。同时邀请指定基地的项目能手走进学校,传授相关领域的劳动技能,指导学生开展实践活动。综合运用各类社会资源打造出良好的劳动教育大环境。①

区校资源共享。福建省泉州市市属的社会实践基地(盲聋哑学校)与西畴现代农场合作共建了"中小学生劳动教育户外实践基地",石狮市基地与丰山农场合作,洛江区基地(罗溪)与周边乡村合作,南安市基地与周边部队、乡村合作,通过"购买服务"的方式来拓展基地的劳动实践资源。同时,石狮市等县(市、区)教育主管部门也与当地企业(商场等)合作,在企业(商场等)挂牌设立了一批学生劳动实践体验基地,定期组织学生到这些基地参观和参与劳动体验。②

区校运作牵手。四川省成都市金牛区建立了"金牛区学生劳动教育联盟",联盟成员均为区内劳动教育特色项目学校、高校智力团队和企事业单位,各单位通过资源整合、协同运作,逐渐孵化了一批以劳动教育为核心的学校。③同时,在区教育局出台《成都市金牛区学校学生社会实践活动管理办法》之后,该联盟联合区内大专院校、知名企业如徽记食品、华侨城等单位,合作建立了多个青少年劳动实践基地。④

区校课程共建。浙江省杭州市富阳区富春七小整合校内外资源,建设"新劳动教育"实践基地,并且梳理现有的研究成果,设计"新

① 戚梦蛟、陈建军. 区域推进中小学劳动教育的实践与思考[J]. 福建教育学院学报,2019(2):44—46.

② 张少杰. 泉州市中小学生社会实践基地管理的政府行为研究[D]. 泉州:华侨大学(硕士),2017:18.

③ 成都市金牛区创新劳动教育模式,深化学校德育改革(教育部简报 2017 年第 48 期)[EB/OL]. (2017-12-5)[2021-08-12]. http://www. moe. gov. cn/jyb_sjzl/s3165/201712/t20171205_320590. html.

④ 平安校园编辑部. 全国中小学劳动教育实验工作推进会发言摘登[J]. 平安校园,2016(11):16—21.

劳动教育"特色课程群。在实践过程中,学校得到了各部门的多方面支持,前后投入 300 多万元,建设"劳动教育"实践基地,利用已有的资源,依据学生的愿望,建立了农具陈列馆、蔬菜种植区、小小农科院、花卉园、果树园、家禽养殖区和创意天地等区块供学生参与劳动实践活动。特色课程包括科学领域的"小小农科院"课程,人文和科学领域的"田园古韵"课程,人文、科学、艺术领域的"朵朵葵花向阳开"课程。在两级模块之下创设"田园之歌"等 17 门"新劳动教育"特色课程群的各项课程。作为"新劳动教育"的主要阵地,学校以"开心农场"为核心,充分挖掘资源,从细微处入手,展开了一系列活动。在研究土壤、播种、除草、施肥、收获、分享的过程中,学生不仅流了汗,更与自然进行了零距离接触,也增进了对于大自然的兴趣和了解。①

区校合作共赢。上海市以"学生实践和创新工程建设"为抓手,集聚众多优质社会教育资源,努力打造公益性、普惠化、开放性的"社会教育大课堂",将社会实践作为培养学生劳动观念和劳动能力,提升青少年创新精神和实践能力的重要途径进行落实,整合各方资源,推进各项公益劳动和志愿服务。自 2015 年底开始,上海市教委联合市文明办、团市委制定下发了《关于加强上海市普通高中学生志愿服务(公益劳动)管理工作的实施意见(试行)》,将学校集体组织的公益劳动和志愿服务作为高中阶段的一门重要课程进行落实,旨在培养高中生的社会责任感、创新精神和实践能力。同时,积极发动市、区县两级文明办、团委、文广、科委、体育等多个部门,建立了 1 673 个社会实践基地,为学生提供公益劳动和志愿服务岗位 30 多万个,并专门建立了实践信息记录电子平台,客观、真实地记录学生参与公益劳动和志愿服务过程,在引导学校、教师、家长等多主体共同关注学生综合发展的同时,进一步让学生在服务他人、奉献社会的过程中,树

① 家校协作推进"新劳动教育"课程[N].中国教育报,2016-10-12(8).

立正确的劳动观念,进一步提高劳动能力。[①]

第二节　凸显特色,创新劳动教育形式

通过开展地方特色民族特色的劳动教育、建立多方宣传平台、发挥家校社各自作用等,创新劳动教育理念,深化劳动教育实效。劳动教育在新时代的背景下,应该以一种更具创新性特色的形式展开,以劳动教育本身的独特性以及劳动教育开展形式的创新性推动劳动教育的开展与落实。"新劳育课程"结合当地区域特色,使学生在进行劳动教育的时候更能产生融入感和共鸣感,从而提升劳动教育的效果;多方宣传平台为劳动教育提供了更多的宣传机会,提高了劳动教育的影响力,在宣传的同时也使劳动教育更加丰富生动;发挥家庭、学校、社会各自在劳动教育中的作用,各司其职,从而有效推动劳动教育往深里走、实里走。

一、立足当地区域特色,因地制宜开展劳动教育

"新劳动教育"鼓励地区结合当地的产业特色、文化特色创造独特的劳动教育。"新劳动教育"课程群与以往的"劳动教育"相比,"新劳动教育"特色课程群的实施以模块式架构、社团化运作、项目制学习为切入点,为老师开展学校教育提供了一个多维度的全新载体。同时,"新劳动教育"特色课程群涉及人文、科学、艺术、语言、道德五个领域,基于劳动情境和劳动资源,开设各具特色的课程。同时,不断拓展教育空间,合理利用校外农业资源,建立了多个富有特色的校外教育基地。[②]

---

① 潘晨聪.上好劳动教育这门成长"必修课",上海持续深化推进大中小学劳动教育进行时[J].上海教育,2020(13):24—29.

② 平安校园编辑部.全国中小学劳动教育实验工作推进会发言摘登[J].平安校园,2016(11):16—21.

（一）立足地方，传承有特色的工匠精神

劳动教育不能仅仅传授简单的劳动技能，更是要结合当地实际的历史背景、文化底蕴开展富有地方特色的劳动教育，对于当地特色的传统技能进行启发与总结，将地方传统工艺借助劳动教育课程传承发扬，是劳动教育理论联系实际的重要表现，也是其重点所在。

比如，福建省泉州市的泉州师院附属小学、晋光小学、石狮市实验中学附小等学校专门设立烹饪教室，开设"学做泉州菜"等相关厨艺课程。石狮市实验中学附小、福民中心小学编印《烹饪与泉州美食》教材，要求学生从三年级开始每年学会做 2—3 道菜，这样到小学毕业时每位学生都能做 10 道以上的家乡特色家常菜。福建省泉州市泉州六中、鲤城区实验小学等学校还开设了刻纸艺术和泉州花灯制作的手工课程[①]。

福建省泉州市德化县多所学校开设陶艺制作课程，福建省泉州市安溪县多所学校开设茶艺和滕铁工艺制作课程，福建省泉州市惠安县多所学校开设石雕影雕课程，福建省泉州市永春县多所学校开设纸织画课程。这些课程的开展一方面锻炼了学生细心、耐心的良好习惯，另一方面也是对当地传统文化的继承和发展。[②]

苏州市相城区内各中小学在相城传统特色建设等方面课程尝试进行了积极的探索，比如元和小学"以刀代笔"传承版画艺术，太平中学立足家乡文化，推进以船模制作为主的"船艺"劳动教育。

南京师范大学苏州实验学校开展传承江南民间古老手工技艺"蓝印花布"的相关活动，寓传统文化的继承和发展于劳动教育实践课程的教学过程中。

---

①　曾聪虹，苏炳炎.泉州市将深入开展劳动教育，提高中小学生的劳动素养[N].泉州晚报，2015 - 12 - 14(6).

②　曾聪虹，苏炳炎.以劳树德，从小培养劳动好习惯[N].泉州晚报，2015 - 12 - 16(6).

（二）立足民族，讲好有特点的劳动故事

民族地区的劳动教育有不同的民族特色，在予以辨别、保留的基础上，在新时代背景下进行创造性传承和发展，当地民族特色和劳动教育深度融合，形成具有浓郁的民族特色和乡土特色的劳动教育内容和教育形式。

比如西藏的劳动教育有其特殊性，因其占地面积广，包含了农区、牧区、城镇等不同的生活空间，这样的地域特点也决定了其劳动教育的内容与其他地区会有所区别。因此，要根据实际情况，有的放矢地开展相应的劳动教育教学。西藏和平解放以来，各行各业、各条战线也出现了一大批可歌可泣的英雄人物和一些模范的团队，他们为西藏当地的建设作出了重要贡献，也是西藏开展劳动教育的生动范例。西藏当地的学校充分发挥了思政课堂的阵地作用，利用现代化媒介和手段，努力讲好中国劳动故事的西藏篇章，大力宣传西藏劳动模范的英勇事迹，弘扬劳动精神、劳模精神、工匠精神，引领西藏各级各类学校的学生了解劳动模范故事、学习劳动模范精神、增强主动劳动意识，积极为社会的经济发展贡献自己的力量。①

青海省海南藏族自治州是少数民族自治州，藏族为当地主体民族，占到2/3以上人口，其余为汉、回、蒙古等民族。长期的游牧生活习惯使当地人民培育出了热爱自然、乐于劳动的光荣传统，加上吃苦耐劳也是当地藏民自古以来就有的传统美德。因此，海南藏族自治州便以"以劳树德、以劳增智、以劳强体、以劳育美、以劳创新"为目标，对学生切实加强劳动教育；努力通过多种活动的开展，培养学生的劳动兴趣，磨练学生不怕苦不怕难的坚强意志品质，激发学生的创造活力，促进学生身心健康和全面发展，争取使得当地劳动教育实验

---

① 李欢，王军君. 探索中国特色、西藏特点的劳动教育新模式[N]. 西藏日报，2020-08-03(6).

工作取得新的突破。①

二、建立立体宣传矩阵，扩大劳动教育辐射面

宣传平台是扩大劳动教育影响力的重要媒介之一。随着新时代的到来，运用新媒体进行宣传可以更加有效地增强劳动教育的辐射面。通过新媒体的全方位覆盖宣传在形式上缩短与学生之间的距离，学生随时随地都可以了解、感受劳动教育的内涵；同时又以高效便捷的信息沟通，使学生可以在朋辈群体及其他群体之间表达对于劳动本身的看法，增强对劳动教育的感悟。

（一）充分发挥移动媒体宣传优势

随着新媒体宣传方式的普及，加之媒体受众的阅读习惯逐步从读字向读图、看视频转变，短文、短视频也得到受众越来越多的青睐，如何用好新媒体、发挥其快速便捷的优势，是新时代劳动教育需要考虑的重点。当前，用微信公众号发布劳动教育品牌课程、沙龙讲座、实践基地、优质师资等资源信息，构建新型劳动教育资源协作的共享平台，逐渐成为了多地开展劳动教育宣传的重要途径。②

辽宁省大连各中小学也开设了近50节基于新媒体技术的劳动教育微课程，这些课程形式新颖、贴近实际、吸引力强，并通过公众号等移动平台进行发布，使劳动教育更加丰富生动。长沙市芙蓉区星火第二小学特别推出《我是清洁小能手》劳动教育系列微视频，通过当地教育系统公众号进行发布和推广。这些方式希望在培养学生劳动意识的同时，引导学生懂得尊重各行各业劳动工作者，并掌握初步的劳动技术。

---

①　李建平. 专家为基础教育课程改革把脉施方[N]. 中国教育报,2001－06－05(1).

②　平安校园编辑部. 全国中小学劳动教育实验工作推进会发言摘登[J]. 平安校园, 2016(11)：16—21.

（二）开设劳动教育专题宣传网站

顺应大众的需求，除了常规的劳动教育相关信息的传递和普及，提供精准的、专业化的专题宣传内容也是新时代劳动教育的建设重点。建立有关劳动教育工作的相关专题网页，与报刊展开合作共同出版以"劳动教育"为主题的宣传内容，定期刊发介绍学生劳动实践体验过程和感想的文章，并利用校园这一重要宣传阵地，通过新闻媒体进行广泛宣传，引导广大师生、家长共同支持并积极参与劳动教育工作，是新时代劳动教育宣传的另一个努力方向。

山西省晋中市开展创客教育实践，开发集手工制作、数字制造、智能硬件、科普、益智与数学、发明、数字媒体等内容于一体的创客实践活动参与网站，让学生通过动脑动手，进行创新创造，努力成为适应未来发展的新型劳动者和建设者。① 崇仁县教体局通过建立专题网页、召开现场会，并举办相关劳动教育微课征集评选、教师劳动教学论文征集评选、学生劳动实践征文评选等一系列活动，交流展示分享教师和学生的劳动教育成果，促进劳动教育实践工作开展。②

（三）创设劳动教育课程共享平台

劳动教育课程的开发也可以借助新媒体技术，制作一些形式新颖、贴近学生的微课程，同步更新到网络平台，形成劳动教育课程库，也可以通过相关单位组织打造服务平台，让劳动课程资源、教师资源、智慧成果能实时分享、定期共享。比如，福建省泉州市专门建设了劳动教育课程资源库，首次开展全市中小学劳动教育微课征集评选大赛，通过进一步的高标准评选，把优秀微课成果上传到网上，逐

---

① 山西省晋中市教育局. 坚持立德树人，推进劳动教育［EB/OL］.（2016 - 10 - 08）［2021 - 08 - 21］. http://www. moe. cn/jyb_xwfb/moe_2082/zl_2016n/ztzl_yxal/201610/t20161008_283220. html.

② 徐光明. 江西省崇仁县常态全程推进劳动教育［EB/OL］.（2020 - 12 - 21）［2021 - 07 - 17］. http://www. jyb. cn/rmtzcg/xwy/wzxw/202012/t20201221_383893. html.

步建成全市中小学劳动教育微课资源库,为全市及其他地区的学校提供教学资源。此外,泉州市组织开展了中小学生"生活技能·厨艺大赛"、小学生生活技能大赛等一系列活动,在活动中各校教师和学生展示并分享劳动教育成果,师生的交流过程极大地促进了劳动教育实践工作的开展。四川省成都市金牛区依托全国首个市民双创学院——成都市金牛区市民创新创业学院,打造能够直接服务学生的创新创业平台,师生可以在该平台上进行创新创业相关信息的共享,在交流的过程中实现创新创业的顺利进行。① 重庆市人民小学举办"首届中国大中小劳动教育峰会",会议围绕新时代如何开展劳动教育展开专题交流,与会专家从多维度共议新时代劳动教育重要议题,为各地劳动教育经验交流共享提供了一个很好的平台。②

第三节 完善机制,深化劳动教育实效

组织领导机制、协同联动机制、评价督导机制是科学、有序、有效开展劳动教育的制度保障。以系统性的组织领导机制,指导相关单位和部门在落实劳动教育的过程中有参照实践的范本,使得劳动教育的过程更加系统化、规范化;通过学校和家庭双重主体的联动参与、协同构建,为劳动教育的开展提供一个更加切实可行的环境,保障劳动教育可以在校内外全面铺开;建立评价督导机制,使得劳动教育可以更清晰地呈现劳动教育的全过程以及成果,以一个完整的监督体系来保证劳动教育在落实的基础上得到全面的发挥,保障劳动

① 平安校园编辑部.全国中小学劳动教育实验工作推进会发言摘登[J].平安校园,2016(11):16—21.
② 夏蕴秋.首届中国大中小劳动教育峰会在渝开幕,专家共议新时期劳动教育[EB/OL].(2020-11-28)[2021-07-17].https://www.ygcq.com.cn/content/zt/u/d/b/content_54349.shtml.

教育在实际落实的过程中取得更具科学性的成果以及长期实效。

一、加强组织领导机制,促进劳动教育规范化和制度化

组织领导机制,要求在落实的过程中具有一定的组织性,即各级单位和部门要在上级的指导下有组织地开展工作;同时也要具有一定的领导性,即各级单位和部门成立一定的领导小组,该领导小组对于本单位及部门的全体人员进行领导及工作的安排。因此,该机制要求各级单位和部门明晰以及承担本单位及本部门关于落实劳动教育的责任,在此基础上制定并出台有关的一系列文件,并且各单位和部门都必须有组织地有一定领导性地进行具体工作实践。

(一)成立领导小组,劳动教育要求规范化

成立劳动教育工作领导小组,定期研究制定劳动教育的实施方案,组织开展相应工作指导,层层召开动员部署会议,展开劳动教育工作,促使劳动教育的精神直观化,使劳动教育工作要求在上级文件及各地区出台文件中得以"落地生根",以促进劳动教育工作制度化、规范化,从上至下规范各级部门更好地落实劳动教育的开展。比如,湖南省安仁县出台了相应的工作方案,确立了"1359"工作策略,举行了全县劳动教育实验工作动员大会和启动仪式,明确了"一把手工程"的责任主体,并通过召开劳动实验基地建设推进会,进一步强化了劳动基地标准化建设,并且组织了基地建设专项督查、推进工作半年度督查和劳动课程落实情况督查活动,建立了简报制度和集中研讨制度。① 上海市要求各级教育部门及学校要不断强化劳动教育,将劳动教育作为学校教育的重要内容,建立健全领导负责体制和责任工作机制,创新劳动教育开展的途径和方法,保障相关工作经费,确

---

① 平安校园编辑部. 全国中小学劳动教育实验工作推进会发言摘登[J]. 平安校园, 2016(11):16—21.

保责任到人,落实到位。

(二)健全经费保障,劳动教育开展制度化

健全完善经费保障相关措施,可以激发基层学校开展劳动教育的工作积极性。具体措施有落实学校劳动教育教学经费保障措施,将劳动教育的经费纳入学校预算编制,将劳动教育经费合理分配到参与劳动教育的双主体上;制定劳动教育经费使用的规范,要让经费的实效落到劳动教育的实处;适时调整劳动教育经费标准,对于必要的建设投入费用加大经费的支持;接受相关部门对劳动经费使用情况的监督检查,做到经费支出公开透明。

比如,福建省泉州市从全市中小学中培育、确定了首批共22所劳动教育特色学校,从市教育经费中安排专项经费拨款240万元,通过"以奖代补"的方式推动特色学校和社会实践基地建设,提升劳动教育项目,发挥示范辐射作用;四川省成都市金牛区在社会各方力量支持下,成立"金牛区学生劳动教育中心",有专兼职人员5名,每年配套专项经费80余万元;山西省教育厅在教育部下拨专项经费9.5万元的基础上,再下拨专项经费51万元,用于平遥、榆社、祁县三个重点实验区和平遥实验中学、榆社县兰峪九年一贯制学校等10个重点实验单位的基地建设、教师培训和课程开发,此经费涉及城市和农村的小学、初中、高中、九年一贯制等各类学校,激发了基层学校的工作积极性;青海省海南藏族自治州教育局确定州政府所在地共和县作为劳动教育实验单位重点地区,给予专项经费支持,同时将共和县中学、共和县民族中学和青海湖民族寄宿制学校3所学校设为重点实验学校,给予一定的经费支持,加强专项工作指导,确保实验工作的成效。①

---

① 平安校园编辑部.全国中小学劳动教育实验工作推进会发言摘登[J].平安校园,2016(11):16—21.

此外,《北京市进一步调整优化结构提高教育经费使用效益的实施方案》指出要支持开展学生生活实践、劳动技术和职业体验教育活动,着力提升劳动教育财政支撑保障能力。①

二、加强协同联动机制,促进劳动教育协同化和联动化

劳动教育是一项系统工程,需要学校、家庭等多方面的力量相互协调、整合才能发挥最佳的教育效果。学校教育离不开家庭教育的配合,家庭教育既是学校教育的基础,又是学校教育的继续和升华,而学校教育则是家庭教育的指导与深入。学校积极开展劳动教育要与家庭教育指导整合,将家庭教育真正融入学校德育体系之中,并逐步将家庭教育指导工作发展成学校的办学特色,并通过家庭教育指导提高家庭教育的质量,使家庭教育与学校教育同步发展,构建联动的长效机制,最大限度地提升劳动教育的实效性和规范性。②

(一)家庭、学校联动合作

通过"家校联动合作制",合力促进劳动教育的落实。要以学校劳动教育为主、以家庭劳动教育为辅,用学校劳动教育来带动家庭劳动教育,构建劳动教育的家校双重教育环境和家校互动的新机制,密切家校联系;积极开展家庭教育指导,引导家长树立正确的育人观,理解劳动在孩子学习、生活和未来长远发展中的积极意义和重要作用。

比如四川省成都市金牛区的成都全兴小学设立"家校联动合作制",让家长参与进来,利用学校的种植园、养殖园,共同采摘瓜果、喂养小动物,构建劳动教育的良好氛围。③ 山西省晋中市灵石县第五小

① 北京市人民政府办公厅. 北京市进一步调整优化结构提高教育经费使用效益的实施方案,2018 - 01 - 24.
② 丁慧. 家校联动,合作育人[N]. 现代教学,2016(Z2):126—127.
③ 金牛区文明办. 成都校园劳动教育常态化开展　让劳动美德满溢校园[EB/OL]. (2016 - 05 - 03)[2021 - 07 - 30]. http://www. wenming. cn/syjj/dfcz/sc/201605/t20160504_3335510. shtml.

学根据学生年龄特征设计家务劳动系列内容,让 3—6 年级的学生在家长帮助下认识简单的劳动工具,学会整理书包和收拾屋子,学做简单的饭菜。[①] 山西省晋中市平遥县、太谷县的实验小学推行《大手拉小手家校联系册》,要求家长配合学校监督和考核孩子的家务劳动,引导孩子养成良好的劳动习惯和积极的劳动态度。[②] 青海省海南藏族自治州各学校进一步加强家校联合,利用填报调查表、召开家长会、收集家长意见反馈表等措施深入了解和检查学生的家庭劳动教育及家庭劳动情况,努力在全社会营造开展劳动教育的良好氛围。[③] 重庆市涪陵城区第七小学校确定,每年 5 月设立一次"劳动周",对劳动教育起示范引领作用;每期开展一次劳动明星(在家做劳动"家庭七星",在校做劳动"七好少年")评选;每期邀请专家,对家长进行一次劳动意识、劳动内容等方面的指导。

(二) 家庭、学校、社会三位一体

随着时代的不断进步,劳动的形式、内容也在不断发生变化,劳动教育的时代内涵、育人价值和实践路径也随之变化,这就需要整合家庭、学校、社会各方面力量,共同上好劳动教育这一课。[④] 上海市教委在横向上不断完善上海市青少年校外教育活动联席会议制度,建立健全市教委各相关处室德育工作的互动机制,推进学校、家庭、社会三位一体的全方位育人机制建设,强化协同配合,共同为深化劳动教育的发展助力。在纵向上,上海市教委通过区县德育工作会议、分管局长沙龙、学校德育工作调研等方式,不断推进市区校三级联动机制深化劳动教育工作。由上海市教委主办的"职业小达人"中小学生

---

①　王胜利. 愚公精神驻心间,劳动教育润心田[EB/OL]. (2020 - 05 - 19)[2021 - 08 - 20]. http://www.jyjy.gov.cn/news/sdjj/202005/t20200519_672524.html.

②　赵锡君. 劳动教育的课程创新及机制建设研究[J]. 辽宁教育,2021(4):87—90.

③　平安校园编辑部. 全国中小学劳动教育实验工作推进会发言摘登[J]. 平安校园,2016(11):16—21.

④　周文思. 家校社要共同上好劳动教育课[N]. 赣南日报,2020 - 12 - 08(7).

暑期职业体验活动已经开展了 7 年,从园艺师、汽修小工匠、修复古籍,到数控达人、组装汽车、航海模拟……上百个职业岗位,学生们可以亲身体验。每年有超过十万人次的学生和家长走进上海市部分职业学校,学生们在劳动实践中获得职业启蒙。奉贤区教育学院附属实验小学聘请家长作为校外辅导员协助,利用双休日、节假日等课外时间开展"跟着爸妈去上班"相关活动;学生家长也利用每双周的周五班会课时间,走进教室开设家长微课。[1]

　　根据不同学段、不同学生年龄特点和实际成长的需求,注重系统培育,发挥学校主导作用,把劳动教育生活化、课程化、理论化;注重学生日常生活技能的掌握,发挥家庭基础作用,从点滴小事培养劳动意识、养成劳动习惯;鼓励学生在节假日以及寒暑假走出学校,在公益劳动、志愿服务和社会实践中强化责任担当意识,发挥社会的支持作用。重庆市合川区制定《合川区中小学劳动教育"4 个 3"工作指南》,从劳动课程的"三个落实"(落实课程计划、落实学科渗透、落实课程开发),到校内劳动的"三化"(净化、美化、趣化),再到校外劳动的"三进"(进田间、车间、社区),以及家务劳动的"三单"管理(学生作业单、家长任务单、劳动评价单),这些举措从家庭、学校、社会三个层面对劳动教育进行了系统化的行动指导。[2]

三、加强评价督导机制,促进劳动教育全面性和整体性

　　完善加强评价督导机制,是落实劳动教育工作开展的重要的一部分,以评价督导机制使进行劳动教育工作开展的各单位明晰劳动教育的责任。通过各类评估体系的建立,由上至下从各方面健全评

　　① 潘晨聪.上好劳动教育这门成长"必修课" 上海持续深化推进大中小学劳动教育进行时[J].上海教育,2020(13):24—29.
　　② 谭茭,李巧,李达毅.合川:劳动教育植入学生成长的根与魂[N].重庆日报,2020 - 04 - 23(11).

价督导运行机制,如制度建设、基地建设、经费投入、教育实效等方面,切实督导各省市、各学校劳动教育工作开展的进程,切实评估各省市、各学校劳动教育工作的落实情况。

(一) 政府主管部门对学校劳动教育实施过程和效果进行监督考核

为了让劳动教育活动深入贯彻和落实,需要安排一定的评价和督导机制,部分地区由省教育厅、市教育局等各级教育部门对该地区内各中小学校劳动教育实施情况进行督查和考核。教育部门公开对学校的劳动教育工作进行审核,展示学校优质的教育成果,并以此为切入点,为其他学校做好劳动教育发挥榜样作用。比如福建省泉州市教育局一年中两次召开现场观摩会、专题推进会,省教育厅、市教育局领导也带队专题调研指导,定期召开专题会议,研究劳动教育开展情况,及时解决学校存在的问题和困难,推动劳动教育实验工作开展。[①]

上海市教育委员会制定颁布了《上海市高中生综合素质评价实施方案》,将学生参加农村社会实践活动、公益劳动和志愿服务的情况作为重点考核内容。同时,还开展了中小学道德风尚人物(美德少年)奖等评选活动,重点培育和宣传在热爱劳动、勤俭节约、志愿服务等方面有突出表现的优秀学生,充分发挥榜样在学生群体中的示范作用。[②] 上海市教育委员会、上海市人民政府教育督导室也联合下发了《上海市对区县政府加强未成年人思想道德建设工作督导评估指标》,将培育和践行社会主义核心价值观,区域性地推进中小学劳动教育的情况作为重要内容,以督促建设推动区县在深化中小学劳动

---

① 晓红,晓波,张红.百舸争流千帆竞,借海扬帆奋者先[N].晋中日报,2013－09－12(6).

② 冯秋萌.德育一体化背景下区域中小学劳动教育实践探索[J].现代教学,2018(Z2):14—16.

教育方面的主动性并努力有所作为。①

重庆市教育委员会下发《关于进一步加强中小学劳动教育的通知》,要求在义务教育阶段的 3 到 9 年级开设综合实践活动系列课程中的劳动与技术教育课;与此同时,学生劳动教育的参与情况要记入综合素质档案,作为升学评优的重要参考依据。② 此外,湖南省安仁县建立并实施了以学校劳动教育管理、教师劳动课教学、学生个人劳动教育三个层面为主要标准的评价考核机制。

(二) 学校内部对劳动教育完善优化评价制度

除了相关主管部门、政府单位的督促,学校内部完善评价制度、评价形式也是推进劳动教育落地的重要方面,将校内开展的各类劳动教育课程纳入整体的劳动教育评估,将学生参与劳动的实践活动纳入学生培养评估总体范围,各单位组织也有相关的做法值得借鉴参考。比如,四川省成都市金牛区教育局规定学生劳动实践活动总量(含假期、双休日):小学生每学年不少于两天,中学生每学年不少于三天,每名学生还拥有一份从小学到高中全线贯通的"劳动护照一卡通",用以接受点赞、积章、争星活动记录,形成记录学生劳动教育情况的长效机制;四川省成都市金牛区成都二十中学率先尝试探索将劳动教育与学分挂钩,高中、初中均制定了三年周期的劳动教育教学计划,将分散的综合实践活动学时按学期集中使用,即高(初)一 40 学时、高(初)二 30 学时、高(初)三 15 学时,每个年级轮流循环安排,高中学生评价合格可以获得相应学分,劳动成绩将作为社会实践写

---

① 上海市教育委员会,上海市人民政府教育督导室.上海市对区县政府加强未成年人思想道德建设工作督导评估指标,2015 - 06 - 16.

② 重庆市教育委员会.关于进一步加强中小学劳动教育的通知,2018 - 11 - 02.

入高考综合报告。① 海南省屯昌县思源实验学校每月各班需要按照学校的要求在各自班级的劳动基地完成学校安排的劳动任务，由学校安排专人对各班级劳动过程及劳动成果的多少、优劣进行考核评价，纳入班级量化管理考核中。②

①　金牛区文明办.成都校园劳动教育常态化开展　让劳动美德满溢校园[EB/OL].（2016 － 05 － 03）[2021 － 07 － 30]. http://www. wenming. cn/syjj/dfcz/sc/201605/t20160504_3335510. shtml.
②　平安校园编辑部.全国中小学劳动教育实验工作推进会发言摘登[J].平安校园，2016(11)：16—21.

参考文献

[1] 马克思恩格斯列宁斯大林著作编译局编译. 马克思恩格斯选集(第 2 版第 4 卷)[M]. 北京：人民出版社,1995.

[2] 赵培兴. 创新劳动论[M]. 哈尔滨：黑龙江人民出版社,2006.

[3] 赵荣辉. 劳动教育及其合理性研究[M]. 北京：中央民族大学出版社,2012.

[4] 李化方. 欧美劳作教育思想史[M]. 郑州：河南人民出版社,2016.

[5] 刘向兵等. 新时代高校劳动教育论纲[M]. 北京：社会科学文献出版社,2019.

[6] 王江松. 什么是劳动[J]. 中国工人,江松劳动哲学专栏论坛,2010(10).

[7] 王金玉. 马克思劳动概念的唯物史观解读[J]. 河海大学学报(哲学社会科学版),2011,13(4).

[8] 叶华光. 从生产劳动的德育价值看我国的生活德育——基于学校德育的视角[J]. 教育与教学研究,2012(12).

[9] 鲍忠良. 青少年学生劳动教育现状的实证研究[J]. 教育探索,2013(8).

[10] 任琳. 马克思劳动思想的历史唯物主义新解及其现实意义[J]. 实事求是,2013(2).

[11] 翁寒冰. 马克思对象化劳动概念的思想渊源及理论地位辨析[J]. 马克思主义与现实,2014(6).

[12] 唐爱军. 马克思劳动观及其现实意义[J]. 毛泽东邓小平理论研究,2014(3).

[13] 张定鑫. 马克思的劳动本质属性思想[J]. 哲学研究,2014(7).

[14] 王毓珣. 对劳动教育列入教育构成的思考[J]. 中国德育,2015(16).

[15] 戴家芳. 当代中国青少年劳动观教育研究综述[J]. 贵州师范大学学报(社会科学版),2015(12).

[16] 张德伟. 国际中小学劳动教育初探[J]. 中国德育,2015(16).

[17] 陈世润,王婷. 习近平劳动思想探析[J]. 学习论坛,2017,33(11).

[18] 陈理宣,刘炎欣. 劳动教育与德智体美教育的基础关联和价值彰显[J]. 中国教育学刊,2017(11).

[19] 刘黎明. 马克思劳动教育思想的现代阐释[J]. 中国教育科学,2018,1(1).

［20］文新华.论以新时代马克思主义劳动观为指导深入推进劳动教育［J］.中国高等教育,2018(21).

［21］李珂等.深刻理解新时代加强劳动教育的重大意义与现实针对性［J］.中国高等教育,2018(5).

［22］徐长发.新时代劳动教育再发展的逻辑［J］.教育研究,2018(11).

［23］李珂,曲霞.1949年以来劳动教育在党的教育方针中的历史演变与省思［J］.教育学报,2018,14(5).

［24］吴学东.习近平对马克思劳动思想的丰富和发展［J］.黑龙江社会科学,2019(2).

［25］班建武.“新”劳动教育的内涵特征与实践路径［J］.教育研究,2019,40(1).

［26］宋敏娟.教育与生产劳动相结合的时代内涵及其实现途径［J］.毛泽东邓小平理论研究,2019(1).

［27］徐海娇.重构劳动教育的价值空间［J］.中国教育学刊,2019(6).

［28］檀传宝.劳动教育的概念理解——如何认识劳动教育概念的基本内涵与基本特征［J］.中国教育学刊,2019(2).

［29］赵建芬.论新时代加强劳动教育的战略意义与推进策略［J］.思想理论教育,2020(6).

［30］黄诚.新时代中小学劳动教育的育人价值及实施途径［J］.教育科学论坛,2020(7).

［31］张妍等.劳动教育政策70年:演进、嬗变特点与实践路径［J］.教育学术月刊,2020(9).

［32］李刚等.大概念视域下我国大中小学劳动教育课程一体化建设的思考［J］.教育科学,2020(10).

［33］余文森.新时代中小学劳动教育的内涵、类型与实施策略［J］.全球教育展望,2020(10).

［34］夏惠贤等.我国中小学劳动教育的百年探索、核心议题与基本走向［J］.教育发展研究,2020(12).

［35］余清臣.当代劳动的异化风险与现代劳动教育的应对［J］.社会科学战线,2021(1).

［36］汤素娥等.高校劳动教育课程化的价值意蕴与实践方略［J］.思想理论教育导刊,2021(1).

［37］袁利平等.我国劳动教育研究的知识图谱与未来展望［J］.教育学术月刊,2021(3).

［38］邓中建.加强新时代劳动教育应坚持四个导向［J］.中国教育学刊,

2021(5).

[39] 唐烨伟等.跨界融合视域下劳动教育课程体系研究——内涵、路径与模型构建[J].中国电化教育,2021(5).

后　　记

劳动是人类社会生存和发展的基础,是一切成就、一切幸福的来源。总结回顾我国劳动教育,从历史的进程中洞察劳动教育发展的规律和时代发展趋势,既是当前做好劳动教育的基础,也是未来不断优化劳动教育的起点。

时代在发展,劳动教育在新时代也被赋予了更多的价值和意义,劳动教育的内容、形式也随之不断丰富和拓展。只有充分认识新时代培养社会主义建设者和接班人对加强劳动教育的新要求,才能进一步构建体现时代特征的劳动教育体系。

为此,我们在厘清劳动教育内涵外延的基础上,进一步梳理我国劳动教育的发展沿革,对劳动教育思想的理论追根溯源,阐述劳动教育的时代价值和德育价值,围绕劳动教育的课程、教育资源、教育模式、教育机制等方面开展深入的调查,剖析了当前劳动教育的实际效果及存在的问题,并提出新时代劳动教育体系构建的整体思路和路径选择。

本研究获得 2020 年上海市教育科学研究课题的立项支持。在研究的过程中,我们站在前人的肩膀上,汲取了中外劳动教育的理论精髓,在调查与访谈的过程中,也得到了许多劳动教育实践工作者的支持与帮助。研究成果集结了编写组成员的集体智慧,黄燕承担了全书的设计和组织协调工作,叶林娟承担了协调和统稿工作,韦芬、陈瑾、周雅欣、李茂茂等同学参与了前期的调研、案例撰写等工作。本书得以顺利出版,要衷心感谢邱伟光等专家的理论指导,感谢东方出版中心张爱民、黄驰、刘叶编辑的鼎力支持,感谢华东师范大学人文社会科学研究院、教务处、学工部、辅导员劳育工作室等对本书出版提供的帮助。

　　如何开展劳动教育,是新时代面临的一个新课题,也是我们始终关注、希望获得答案的焦点。尽管付出了艰辛和努力,但限于我们的理论水平、实践经验,本书还存在一些不足、不当之处,敬请各位同仁不吝赐教。

黄燕

2022 年 6 月 10 日